Thilo Baum

30 Minuten für gutes Schreiben

Bibliografische Information Der Deutschen Bibliothek

Die Deutsche Bibliothek verzeichnet diese Publikation in der Deutschen Nationalbibliografie; detaillierte bibliografische Daten sind im Internet über http://dnb.ddb.de abrufbar.

Umschlag und Layout: die imprimatur, Hainburg
Lektorat: Diethild Bansleben, Offenbach
Satz: Wegner-Repke Typographie & Design, Offenbach
Druck und Verarbeitung: Salzland Druck, Staßfurt

Hinweis:
Das Buch ist sorgfältig erarbeitet worden. Dennoch erfolgen alle Angaben ohne Gewähr. Weder Autor noch Verlag können für eventuelle Nachteile oder Schäden, die aus den im Buch gemachten Hinweisen resultieren, eine Haftung übernehmen.

Printed in Germany

ISBN 3-89749-477-9

In 30 Minuten wissen Sie mehr!

Dieses Buch ist so konzipiert, dass Sie in kurzer Zeit prägnante und fundierte Informationen aufnehmen können. Mit Hilfe eines Leitsystems werden Sie durch das Buch geführt. Es erlaubt Ihnen, innerhalb Ihres persönlichen Zeitkontingents (von 10 bis 30 Minuten) das Wesentliche zu erfassen.

Kurze Lesezeit
In 30 Minuten können Sie das ganze Buch lesen. Wenn Sie weniger Zeit haben, lesen Sie gezielt nur die Stellen, die für Sie wichtige Informationen beinhalten.

- Alle wichtigen Informationen sind blau gedruckt.

- Schlüsselfragen mit Seitenverweisen zu Beginn eines jeden Kapitels erlauben eine schnelle Orientierung: Sie blättern direkt auf die Seite, die Ihre Wissenslücke schließt.

- *Zahlreiche Zusammenfassungen innerhalb der Kapitel erlauben das schnelle Querlesen. Sie sind blau gedruckt und zusätzlich durch ein Uhrsymbol gekennzeichnet, so dass sie leicht zu finden sind.*

- Ein Register erleichtert das Nachschlagen.

Inhalt

Vorwort 6

1. Gut gedacht ist halb geschrieben 8
Was will ich sagen? 11
Mindmapping 12
Was will meine Zielgruppe? 14
Die Reihenfolge der Gedanken 15
Wie lang wird mein Text? 17
Jeder Gedanke ein Absatz 19

2. Die Geheimnisse guten Stils 26
Das Sprachmüll-Kartell 28
In dr Krz lg d Wz 29
Weg mit den Floskeln 30
Konkret statt abstrakt 31
Positiv statt negativ 33
Aktiv statt Passiv 38

3. Bausätze für Sätze 40
Lang oder kurz? 42
Schachtelsätze entschachteln 43
Hauptsatz oder Nebensatz? 45

4. Die richtigen Wörter 48
Wortmüll entsorgen 49
Die besten Verben 51
Die besten Substantive 53
Adjektive richtig verwenden 56
Die richtigen Bindewörter 59

5. Im Zauberland der Satzzeichen **62**
Das Komma 64
Der Punkt 64
Der Doppelpunkt 64
Das Semikolon 65
Das Ausrufezeichen 66
Das Fragezeichen 66
Der Gedankenstrich 67
Die Klammern 68
Akzente, Apostrophe und Anführungszeichen 68

6. Gute Sprache, schlechte Sprache **72**
Do you sprech Denglish? 73
Floskeln, Fachbegriffe, Wort-Monster 75

Weiterführende Literatur **79**

Register **80**

Vorwort

„Mir fehlen die ... äh ... die Worte!“ Kennen Sie das? Wir sitzen vor der Tastatur und haben nur Fragezeichen im Kopf. Wo bist du, treffendes Wort? Wie erzeuge ich Vorstellungen und Bilder? Mitreißender Stil, wie geht das?

Damit Ihre Texte klar, verständlich und spannend werden, reicht es, wenn Sie dieses kleine Buch lesen. Sie werden Regeln finden, die für Briefe gelten, für Zeitungsartikel, Reden, Sachbücher, Kurzgeschichten, Romane – kurz: für alle Texte.

Ja, wirklich! Dieselben Regeln gelten für alle Textgattungen. Skeptisch? Dann möchte ich Sie zu einem kleinen Spiel einladen. Bitte bewerten Sie die folgenden zwei Sätze. Welcher ist besser?

(1) Das Wetter lässt nichts zu wünschen übrig, und ein Kind ist mit seinem Spielzeug beschäftigt.
(2) Die Sonne scheint, und ein Kind spielt mit dem Ball.

Satz 1 ist lang und umständlich. Satz 2 ist kurz, im Kopf entsteht ein Bild. Ganz klar: Satz 2 ist besser! Und dabei ist es egal, ob er in einem Roman, in einem Sachbuch oder in der Zeitung steht. Satz 1 dagegen wirkt in jedem Text kompliziert. Sprache ist gut, wenn sie einfach, bildhaft und verständlich ist. Egal, worüber wir schreiben.

Manche Menschen finden Texte aus Boulevardzeitungen anspruchslos. Vor umständlichen Texten aus Wissenschaft und Weltliteratur dagegen verneigen sie sich. Warum? Gute Autoren können auch komplizierte Dinge einfach sagen; für Boulevardjournalisten gehört das zum Beruf. Und die Romanciers, Politiker und Wissenschaftler, die uns mit verknoteten Sätzen quälen – zeigen sie damit nicht nur, dass sie sich nicht klar ausdrücken können?

Dieses Buch zeigt in 30 Minuten, wie man gut und einfach schreibt – von der Text-Planung bis zu den Satzzeichen. Wir werden viele schräge und sinnlose Formulierungen aus Politik und Medien zerpflücken und daraus Regeln für guten Stil ableiten. Am Ende haben Sie einen praktischen Werkzeugkasten für Ihre Schreibarbeit, mit dessen Hilfe Sie schnell die treffenden Worte finden.

Die Text-Beispiele ohne Quellenangabe stammen aus meiner Feder oder sind Veröffentlichungen entlehnt.

Viel Spaß beim Lesen!
Thilo Baum

Thilo Baum (Jahrgang 1970) studierte Publizistik, lernte an der Henri-Nannen-Schule Berlin und arbeitete bei einer Boulevardzeitung als Lokal- und Schlussredakteur. Seit 2004 hält er als Kommunikationstrainer Seminare wie „Ich will in die Presse!“ und „Schnell schreiben“. Als ehemaliger Raucher gibt Thilo Baum außerdem das erfolgreiche Seminar „Nichtraucher in fünf Stunden“. Thilo Baum lebt in Berlin. Nähere Informationen und Kontakt über *www.thilo-baum.de.*

1. Gut gedacht ist halb geschrieben

Würden Sie einfach drauflosschreiben? *Seite 9*

Wie grenzen Sie Ihr Thema ein? *Seite 12*

Wissen Sie, wie Sie die Textlänge bestimmen? *Seite 17*

Einen Text schreiben – wie fängt man da an? Wenn wir Freunde oder Kollegen fragen, bekommen wir oft zweierlei Antworten. Die erste lautet: „Ich schreibe einfach drauflos!“ Und die zweite lautet: „Ich überlege mir, was ich sagen will. Dann schreibe ich alles der Reihe nach auf.“

Mit dem einen Weg machen wir uns es schwer, mit dem anderen leichter. Wenn wir drauflosschreiben, kostet uns das eine Menge überflüssige Kraft und Zeit – da ist der Text schon fast fertig, und wir flicken mühsam all das ein, was wir vergessen haben. Das passiert uns nicht, wenn wir vorher überlegen, was wir schreiben wollen. Planen wir also unseren Text!

Regel 1: Erst denken, dann schreiben!

Wir werden uns eine vollständige Stichwort-Liste erarbeiten und unsere Gedanken in eine Reihenfolge bringen. Doch damit schließen wir noch nicht aus, dass wir zu viel schreiben. Wie lang wird unser Text?

Manche Menschen sagen: Ein Text ist zu Ende, wenn alles gesagt ist. Vorsicht, Labergefahr! Zu allem und jedem können wir beliebig viel schreiben, denn alles in unserer Welt hängt zusammen. Von jedem Stichwort gelangen wir zu anderen Stichwörtern, das ist eine Frage der Phantasie und der Assoziationen. Ob unsere Leser so einen Text lesen wollen, in dem wir vom Hundertsten ins Tausendste kommen? Verschonen wir sie damit. Suchen wir lieber gleich zu Beginn nach der Grenze unseres Themas.

Andere Menschen sagen: Ein Text ist fertig, wenn der Platz gefüllt ist. Viele Autoren überschütten uns mit Wortmassen, weil sie selbst bestimmen dürfen, wie lang ihr Text wird; sie halten ihr Thema für besonders wichtig. Andere bringen in riesigen Texten zu wenig Substanz unter. Beides ist langweilig!

Legen wir also gleich eine Höchstgrenze fest. Sind die Grenzen unseres Themas die Grenzen unseres Textes, erspart uns das viel überflüssige Arbeit. Wir werden von vornherein nichts Unnötiges schreiben und müssen hinterher nicht umständlich kürzen.

Was ich Ihnen anbieten möchte, ist eine Methode zu schreiben, die nach meiner Erfahrung die schnellste und kraftsparendste Methode ist. Damit entwickeln wir ein schlüssiges und vollständiges Konzept, finden heraus, wie lang unser Text wird, und passen alle wichtigen Gedanken ein. Drei Größen sind wichtig:

- die Anzahl der Gedanken, die wir unterbringen wollen,
- die Länge unseres Textes,
- der Platz, den jeder Gedanke bekommt.

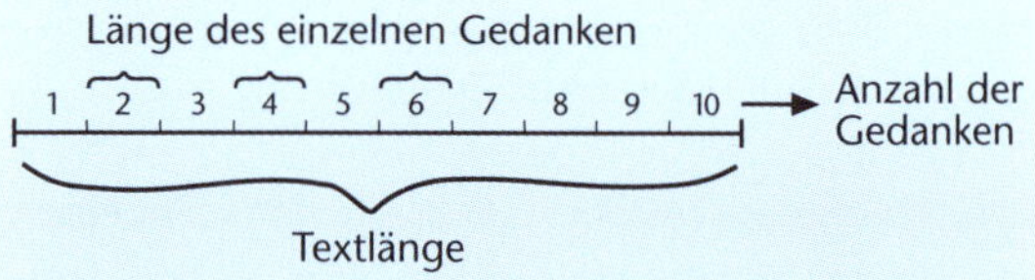

Drei Werte: Textlänge, Anzahl der Gedanken, Länge der einzelnen Gedanken

Aus der Anzahl der Gedanken und der Textlänge ergibt sich, wie viel Platz wir für jeden Gedanken haben. So können wir schreiben, ohne später kürzen zu müssen. Lassen Sie uns diese Größen auf den folgenden Seiten ermitteln!

Fragen wir uns zuerst, was wir sagen wollen – daraus ergibt sich unsere Gedankensammlung. Im zweiten Schritt legen wir unsere Textlänge fest. Und im dritten Schritt ermitteln wir, wie viel Platz jeder Gedanke hat.

Was will ich sagen?
Welche Aussagen wollen wir treffen? Sagen wir, was wir sagen wollen! Nicht mehr und nicht weniger. Das klingt banal, ist aber wichtig. Es geht um zwei Fragen:

- Was ist wichtig und gehört zum Thema?
- Was ist unwichtig und gehört nicht zum Thema?

Finden wir alle Aspekte unseres Themas! Erfassen wir dabei alles Wesentliche und schließen wir zugleich das Unwesentliche aus.

Nehmen wir das Thema „Gruppenreise nach Berlin“ und schreiben wir für ein Amt oder eine Schule einen Bericht über eine Bus-Exkursion mit Jugendlichen. Eine Textlänge ist nicht vorgegeben.

Zum Thema „Gruppenreise nach Berlin“ gehören die Gruppe, die Reisedauer, Informationen zur Stadt, die Anreise, das Hotel, die Ausflüge, die Freizeit, die Meinung der Einzelnen zu der Reise und die Abreise.

Um einen Überblick über unser Thema zu bekommen, können wir unsere Gedanken auf einem Blatt Papier mit Hilfe des so genannten „Mindmapping“ ordnen. Und damit wir nichts vergessen, klopfen wir unsere Gedanken auf Zusammenhänge ab. Was war los auf der Reise?

Mindmapping
Das Mindmapping stammt von dem britischen Psychologen Tony Buzan. Mindmapping heißt so viel wie „eine Landkarte der Gedanken zeichnen“: Wir schreiben unser Thema („Gruppenreise nach Berlin“) in die Mitte des Blattes und ordnen darum herum in Stichwörtern unsere Gedanken an. Damit wir die Zusammenhänge schnell erkennen, verbinden wir zueinander gehörende Stichworte mit Strichen. Ein Netz entsteht.

Damit uns alles Wesentliche einfällt, spielen wir das „Spiel der nahe liegenden Fragen“. Jede Tatsache wirft Fragen auf. Stellen wir alle diese Fragen und beantworten wir sie! So bestimmen wir schnell, ob ein neuer Gedanke wichtig ist. Beim Thema „Gruppenreise nach Berlin“ fragen wir etwa: „Ist etwas Unerwartetes geschehen?“ Die Antwort könnte sein: „Wir haben den Kanzler getroffen!“

Alle Informationen und alle offenen Fragen notieren wir auf unserer Gedankenkarte. Gedanken, die nicht wichtig sind, streichen wir. Was wir wie anordnen, hängt von uns ab. Denn bei der Gedankenkarte gibt es kein Richtig und kein Falsch; sie bildet letztlich unsere Denkstruktur ab. Machen wir es so, wie es uns am besten gefällt. Die Gedankenkarte ist nur für uns gedacht.

Eine Gedankenkarte zum Thema „Gruppenreise nach Berlin“ könnte etwa so aussehen:

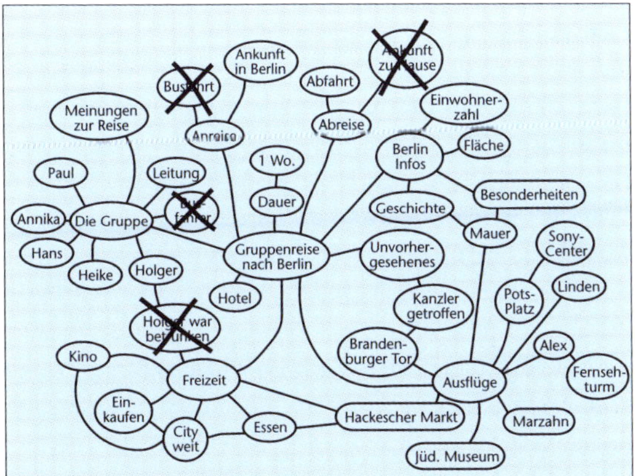

Die Gedankenkarte: So grenzen wir unser Thema ein.

Wenn unsere Gedankenkarte entsteht, merken wir schnell, wann unser Thema abgegrast ist: Wir kommen immer wieder an Punkte, an denen die Antworten auf unsere Fragen unwichtig sind oder keine weiteren sinnvollen Fragen mehr aufwerfen. So ist zwar die Freizeit wichtig, aber nicht unbedingt, dass Holger betrunken war.

Sind wir mit dem „Spiel der nahe liegenden Fragen“ fertig, wissen wir, wo das Thema beginnt und endet. Wir haben es grafisch vor uns.

Schreiben wir längere Texte, etwa Erzählungen oder Romane, empfiehlt es sich, wenn wir für jedes Kapitel oder jede Szene eigene Gedankenkarten anlegen. Zeichnen wir diese Gedankenkarten auf Karteikarten, haben wir jedes Kapitel oder jede Szene als anschauliche Grafik vor uns.

Jetzt sollten wir prüfen, ob wir mit unserem Thema auch unsere Zielgruppe erreichen.

Was will meine Zielgruppe?

Schreiber sind Dienstleister. Unsere Leser bezahlen mit Zeit und oft mit Geld.

Manche professionellen Autoren sehen zu ihrem Publikum herab, weil es bestimmte Wörter oder Argumente nicht versteht. Betrachten wir unsere Leser lieber als unsere Ernährer, wenn wir unseren Lebensunterhalt mit dem Schreiben verdienen! Seien wir froh, dass es die Leser gibt und versuchen wir, ihnen den besten Service zu bieten. Überlegen wir also, wie wir unverständliche Wörter und Argumente durch verständliche Formulierungen ersetzen.

Um herauszufinden, ob wir uns aus Sicht unseres Publikums klar ausdrücken, prüfen wir unsere Gedankenkarte. Sind alle Aspekte so klar, dass die Leser sie verstehen?

Dazu wechseln wir kurz das Beispiel. Stellen wir uns vor, wir schreiben eine Broschüre zum Thema „Reiseapotheke“, die sich an deutschsprachige Urlauber richtet. Worauf sollten Reisende achten, welche Medikamente sollten sie mitnehmen?

Vorsicht, wenn wir auf unserer Gedankenkarte Wörter wie „Gastritis“, „Dehydration“ und „Diarrhoe“ finden! Wenn wir solche Fremdwörter verwenden, werden uns unsere Leser nicht verstehen. Und daran sind nicht unsere Leser schuld, sondern wir. Schreiben wir also „Magenschleimhautentzündung“, „Wassermangel“ und „Durchfall“. Wir wollen etwas sagen. Drücken wir uns klar aus.

Regel 2: Dafür, dass die Leser unseren Text verstehen, sind nur wir verantwortlich.

Klare Worte auf unserer Gedankenkarte haben eine angenehme Nebenwirkung: Wir beginnen selbst, allgemein verständlich und einfach zu denken. Und wenn wir unseren Text weiter mit klaren Gedanken planen, werden wir ihn auch verständlich schreiben.

Die Reihenfolge der Gedanken

Um zu bestimmen, wie viel Platz unser Thema braucht, sollten wir unsere Gedanken in eine Reihenfolge bringen. Unsere Gedankenkarte stellt das Thema vernetzt dar, und unsere Leser wollen einen Text mit Anfang und Ende. Wie machen wir aus dem Gedanken-Netz eine Linie?

Wechseln wir die Perspektive! Vergessen wir kurz, dass wir die Geschichte schreiben werden, und versetzen wir uns in die Lage der Leser. Wir erwarten einen Text und kennen nur ein paar Stichwörter. Was wollen wir in welcher Reihenfolge erfahren? Wann ergibt sich welche Frage? Streifen wir über die Karte, ergibt sich dynamisch ein roter Faden. Den notieren wir auf unserem Blatt Papier.

Beim Beispiel „Gruppenreise nach Berlin“ könnte der rote Faden so aussehen:

Reise nach Berlin. Dabei: Holger, Annika, Hans, Heike und Paul. Informationen über Berlin. Anreise. Hotel. Ausflüge: Mauer, Potsdamer Platz, Alexanderplatz, Hackescher Markt. Am Brandenburger Tor den Kanzler getroffen und geplaudert. Freizeit: Kino und Essen in der City West, Essen am Hackeschen Markt. Abreise, Bewertung der Reise.

Das kann ein Textaufbau zum Thema „Gruppenreise nach Berlin“ sein. In etwa dieser Reihenfolge erwarten wir, den Bericht zu lesen. Verwirrend wäre es, wenn wir etwa die Freizeit vor den Ausflügen erwähnen. Damit gäben wir der Freizeit einen höheren Stellenwert. Denn Leser rechnen intuitiv damit, dass sie zuerst die wichtigen Dinge lesen und dann die weniger wichtigen.

Aus diesem Bedürfnis nach sofortiger Information leiten Journalisten die Regel ab: „Wichtiges an den Anfang!“ Journalisten sollen daher die so genannten „Ws“ zuerst beantworten: Wer hat was wann wo warum und wie getan? Das gilt für alle Informationstexte.

Regel 3: Bei Informationstexten nehmen wir das Wichtigste nach vorne.

Im Unterschied zu Informationstexten findet sich das

Wichtige in Argumentationen und fiktionalen Texten oft nicht am Anfang: Viele Rhetoriker beginnen ihre Überzeugungsarbeit mit dem schwächsten Argument und enden mit dem stärksten. Auch bei Erzählungen und Romanen kann es spannungsvoll sein, wenn wir auf Höhepunkte hinarbeiten.

Auf unseren Reisebericht können wir die Journalisten-Regel anwenden – er ist ein typischer Informationstext. Das Wichtigste kommt nach vorne. Nun müssen wir nur noch entscheiden, was das Wichtigste ist. Da gibt es insbesondere zwei Möglichkeiten:

- Das Wichtigste ist ein Überblick über die Reise.
- Das Wichtigste ist das Treffen mit dem Kanzler.

Die erste Variante könnte der Anfang eines chronologischen Berichtes sein; die zweite Variante könnte der Anfang eines nach Schwerpunkten geordneten Berichtes sein. Wählen wir die interessantere Variante!

Wenn wir übrigens wissen wollen, was durchschnittliche Leser an der Reise am meisten interessiert, müssen wir nur die Postkarten der Jugendlichen lesen. Darin machen sie zum Thema, was sie das Wichtigste ist – etwa „Wir haben den Kanzler getroffen“ oder auch „Holger war betrunken“. Die Jugendlichen werden intuitiv der Journalisten-Regel folgen.

Wie lang wird mein Text?

Nun wissen wir, was wir in welcher Reihenfolge sagen wollen. Wie bestimmen wir jetzt die Textlänge?

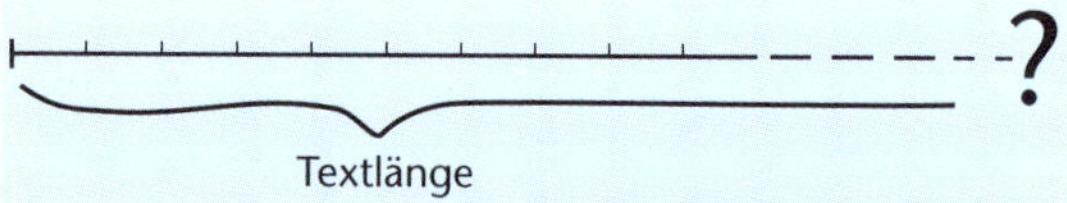

Wie bestimmen wir die Textlänge?

Bei manchen Texten ist eine Länge vorgegeben. Zum Beispiel bei Zeitungen und Zeitschriften. Kunst und Anspruch bestehen darin, auch bei 300 Zeilen nicht zu labern. Reicht die recherchierte Substanz nicht, einigen wir uns in der Redaktion auf weniger Zeilen.

Doch was, wenn wir selbst die Länge festlegen sollen? Dann bestimmen wir zuerst eine ungefähre Spanne, die für unseren Text angemessen ist. Dazu wechseln wir wieder die Perspektive. Welchen Umfang würden wir als Leser erwarten? Stellen wir uns vor, wir sollten den Bericht über die Jugendreise beruflich lesen. Was wäre angemessen?

Zunächst würden wir uns über lesefreundliche, luftige Seiten freuen. Nehmen wir diese Word-Einstellungen:

- Links, rechts und oben jeweils 3 Zentimeter Rand
- Unten 2 Zentimeter Rand
- Schrift Arial
- Schriftgröße 12 Punkt
- 1,25facher Zeilenabstand

Diese Werte ergeben ein angenehmes Schriftbild. Wir kommen auf höchstens 80 Zeichen pro Zeile und etwa 40 Zeilen pro Seite. Damit unser Dokument noch lesefreundlicher wird, setzen wir Leerzeilen zwischen die Absätze und bedrucken nur die Vorderseiten. Auf so eine Seite passen etwa 2800 Zeichen inklusive Leerzeichen.

Wie viele dieser Seiten würden wir uns zur beruflichen Lektüre gefallen lassen? Nähern wir uns der idealen Zahl an, indem wir schätzen! 50 Seiten würden uns erschlagen, zwei Seiten wären etwas dürftig. 30 Seiten wären immer noch zu viel, fünf Seiten könnten wir schon als Kurzfassung gelten lassen – schließlich geht es um eine einwöchige Reise. Fünf bis zehn Seiten scheinen in Ordnung zu sein. Das ist unsere Spanne.

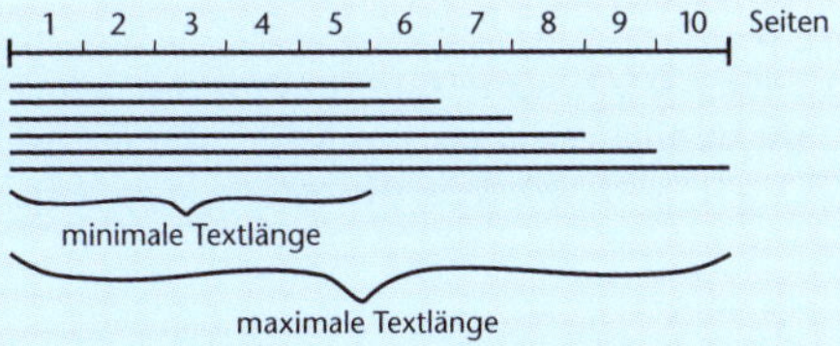

Fünf bis zehn Seiten sind in Ordnung.

Versetzen wir uns wieder in die Position des Schreibers. Wir überfliegen unsere Gedankenkarte und unsere Gedanken-Reihenfolge. Wir haben eine ganze Menge zu erzählen! Wie bringen wir das alles auf fünf bis zehn Seiten unter?

Jeder Gedanke ein Absatz

Wir wollen zwei Größen unter einen Hut bringen: die Länge unseres Textes und unsere gesammelten Gedanken. Also passen wir die Gedanken in die Textlänge ein!

Dazu müssen wir zunächst ausrechnen, wie viel Platz unsere einzelnen Gedanken brauchen. Und dazu bedienen wir uns eines Tricks: Wir machen aus jedem Gedanken einen Absatz und achten darauf, dass alle Absätze gleich lang sind. Damit können wir nicht nur leicht ausrechnen, wie wir unseren Text passend machen, sondern wir gewichten unsere Gedanken auch gleich stark. Die Folge: Unser Text bekommt ein gleichmäßiges Tempo.

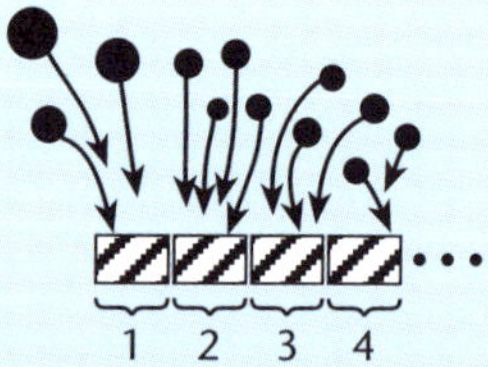

Schauen wir, welche Aspekte unseres Themas wir bündeln können. Aus jedem Gedanken wird ein Absatz!

Schauen wir, welche Aspekte auf unserer Karte oder in unserem Ablauf sich zu gleich großen Absätzen zusammenfassen lassen! Beim Thema „Gruppenreise nach Berlin“ gibt es viele Möglichkeiten, um Schwerpunkte zu legen. Wir könnten beispielsweise auf folgende 24 Absätze kommen:

1. Reise nach Berlin. Kanzler getroffen! Holger, Annika, Hans, Heike und Paul plaudern mit dem Kanzler am Brandenburger Tor
2. Informationen über Berlin
3. Rahmen der Reise, Dauer, Bus

4. Die Gruppe, Erwartungen
5. Anreise. Hotel, Zimmer, Umgebung
6. Tag 1: Ausflug zur Mauer Bernauer Straße
7. Tag 1: Besuch der Stasi-Gedenkstätte
8. Tag 1: Eindrücke der Gruppe
9. Tag 2: Ausflug zum Potsdamer Platz
10. Tag 2: Das Sony-Center
11. Tag 2: Ausflug nach Marzahn
12. Tag 2: Eindrücke der Gruppe
13. Tag 3: Ausflug in die historische Mitte
14. Tag 3: Nikolaiviertel
15. Tag 3: Jüdisches Museum
16. Eindrücke der Gruppe
17. Tag 4: Besuch des Reichstags
18. Tag 4: Rundfahrt durchs Regierungsviertel
19. Tag 4: Besuch des Scheunenviertels
20. Tag 4: Eindrücke der Gruppe
21. Tag 5: Freier Tag. Holger und Heike waren im Tiergarten und im Kino; Annika hat Freunde besucht; Hans und Paul waren beim Inline-Skaten
22. Die Abreise
23. Eindrücke der Gruppe zur Reise
24. Bewertung der Reise durch die Reiseleitung

Wir wissen jetzt, wie viele Absätze wir schreiben wollen. Berechnen wir nun ihre Länge!

Im Journalismus sollten Absätze nicht mehr als 280 Zeichen haben. Da in Zeitungszeilen meistens 30 bis 35 Anschläge passen, entsprechen 280 Zeichen etwa acht bis zehn Zeilen. Auf dieser Länge sollten Journalisten einen Gedanken formulieren können. Hat ein Journalist sein Thema in acht Absätze zerlegt, multiplizieren wir diese acht Absätze mit 280 und kommen auf 2240 Zeichen, also auf 64 bis 75 Zeitungszeilen. Diese 280-Zeichen-Regel können wir beispielsweise für Briefe übernehmen.

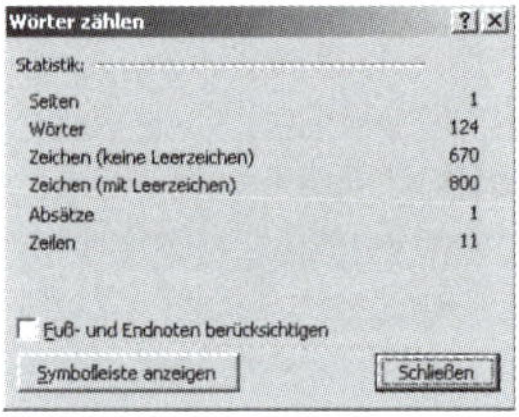

Im „Extras"-Menü bei Microsoft Word findet sich der Punkt „Wörter zählen": Absatz markieren, Funktion auswählen – und wir haben die Anzahl der Zeichen und Wörter.

Für die meisten anderen Texte können wir höhere Richtwerte nehmen: Versuchen wir, außerhalb des Journalismus nicht mehr als 800 Zeichen pro Absatz zu schreiben.

Regel 4: Rechnen wir mit maximal 800 Zeichen pro Absatz.

Diese 800 Zeichen sind eine Obergrenze – selbstverständlich können wir kürzere Absätze planen. Letztlich bestimmen unsere Gedanken die Länge der Absätze. Vor allem in Briefen, insbesondere in E-Mails, können wir unsere Gedanken kürzer fassen. Wir können auch unsere individuelle Absatzlänge bestimmen: Suchen wir aus unseren Texten einen Absatz heraus, in dem wir einen Gedanken erschöpfend formuliert haben und der kürzer ist als andere Absätze. Liegt seine Zeichenzahl unter 800, können wir diese Absatzlänge als unseren Richtwert bestimmen.

Nun können wir unsere Rechnung abschließen: Wir haben die maximale Seitenzahl, die Anzahl der Absätze und die Länge der Absätze. Multiplizieren wir die Anzahl der Absätze mit unserer individuellen Absatzlänge oder maximal mit 800, kommen wir auf die Gesamtzeichenzahl unseres Textes. Diese Zahl teilen wir durch 2800 Zeichen – so viele Zeichen passen auf eine Seite. Das Ergebnis ist die Anzahl der Seiten. Im Beispiel unserer „Gruppenreise nach Berlin“ ergibt sich:

(1) 24 Absätze à 800 Zeichen ergeben 19 200 Zeichen.
(2) Eine Seite fasst maximal 2800 Zeichen.
(3) 19 200 Zeichen geteilt durch 2800 Zeichen ist 6,9.

Wir bekommen unseren Text also auf sieben Seiten unter. Volltreffer! Wir sind im Rahmen zwischen fünf und zehn Seiten, unser Text hat eine angemessene Länge.

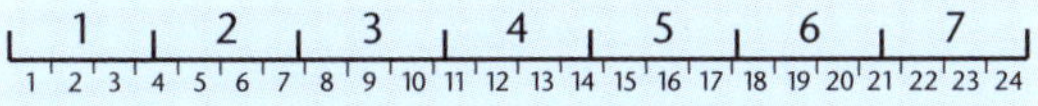

Sieben Seiten, 24 Absätze!

Doch was, wenn wir auf ein anderes Ergebnis kommen und unser Text nicht in die erwartete Spanne passt? Wird unser Text zu kurz, gibt es drei Möglichkeiten:

- Wir haben nicht alle wichtigen Gedanken untergebracht. Überprüfen wir unsere Gedankenkarte noch einmal! Haben wir alle wichtigen Gedanken eingetragen und in unsere Abfolge übernommen?

- Wir haben uns bei der erwarteten Textlänge verschätzt. Fragen wir Freunde und Kollegen, wie viel Text sie zu unserem Thema erwarten würden.

- Unsere Absätze sind zu kurz. Ist das der Fall, erhöhen wir unsere Absatzlänge auf 800 Zeichen.

Droht unser Text zu lang zu werden, dann freuen wir uns! Hätten wir schon drauflosgeschrieben, müssten wir kürzen. Wir haben drei Möglichkeiten:

- Wir streichen so viele Absätze, dass der Text passt. Damit müssten wir uns von einigen Gedanken verabschieden, während wir andere ebenso ausführlich behandeln wie bisher.

- Wir lassen die Anzahl der Absätze unberührt und kürzen den Text innerhalb der Absätze. So überfrachten wir unseren Text: Wir nennen zu viele Dinge und führen sie unzureichend aus.

- Wir streichen ein paar Absätze und kürzen die verbleibenden Absätze. Damit kürzen wir unseren Text gleichmäßig. Das ist der sinnvolle Weg.

Regel 5: Hängen wir unser Herz nicht an Wörter.

Und wenn wir uns von Gedanken verabschieden oder kürzen müssen: Sehen wir es locker! Ziel unserer Arbeit ist es, unseren Lesern den besten Komfort zu bieten.

Bevor wir schreiben, planen wir unseren Text auf Papier. Wir bringen unsere Gedanken in eine Reihenfolge. Diese Gedanken bündeln wir zu etwa gleich langen Absätzen – so gewichten wir unsere Gedanken gleichmäßig. Die Anzahl der Absätze halten wir fest. Dann versetzen wir uns in die Position unserer Leser und bestimmen eine ungefähre Textlänge. Nähern wir uns der idealen Zahl von oben und von unten an: Wie viel erwarten wir mindestens zu lesen, wann ist ein Text zu lang? Bestimmen wir ein Minimum und ein Maximum von Seiten mit jeweils maximal 2800 Zeichen. Dann bestimmen wir die Länge unserer Absätze. Rechnen wir grundsätzlich mit maximal 800 Zeichen, im Journalismus mit maximal 280 Zeichen pro Absatz. Aus der Anzahl der Absätze und den 800 Zeichen ergibt sich eine Gesamt-Zeichenzahl. Diese Zahl teilen wir durch 2800 und erhalten so die Anzahl unserer Seiten. Befindet sich diese Seitenzahl nicht in unserer Spanne, passen wir die Anzahl der Absätze und die Länge der Absätze gleichmäßig an.

2. Die Geheimnisse guten Stils

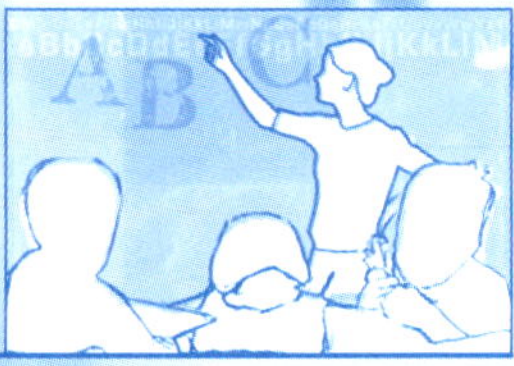

Erkennen Sie Politiker- und Behörden-Deutsch? *Seite 27*

Wissen Sie, wie man konkret schreibt? *Seite 31*

Wissen Sie, wie man etwas positiv formuliert? *Seite 33*

Was ist überhaupt guter Stil? Schauen wir uns in der Welt der Texte um – an schlechten Beispielen herrscht kein Mangel. Untersuchen wir sie! Nageln wir die Stil-Verbrechen fest und nehmen wir sie auseinander, damit wir sie nicht begehen. Lernen wir aus den Fehlern anderer.

Seit der Veröffentlichung des „Diskussionsentwurfs zu einer Richtlinie zur Präimplantationsdiagnostik" der Bundesärztekammer im März 2000 ist eine intensive gesellschaftliche Diskussion um die Frage der juristischen und ethischen Zulässigkeit dieser reproduktionsmedizinischen Möglichkeit geführt worden, die auch zu Stellungnahmen der Enquete-Kommission „Ethik und Recht der modernen Medizin" des Deutschen Bundestages und des Nationalen Ethikrates geführt hat. Dabei ist festzustellen, dass eine gesellschaftliche Einigung in dieser Frage nicht festzustellen ist.

(Deutsches Ärzteblatt, 6. Februar 2004)

Es handelt sich hier um den Beginn eines Textes. Sinn eines Text-Anfangs ist es, die Leser zu fesseln und in den Text hineinzuziehen. Und gut ist ein Text dann, wenn die Leser bis zum Schluss dabeibleiben. Doch was lesen wir? Einen steifen Endlos-Satz und eine vermeintliche Feststellung.

Von Ärzten könnte der Einwand kommen: Der Text richtet sich an ein Fachpublikum. Stopp! Versteht ihr nur noch komplizierte Sätze? Seid ihr immun gegen einfache Sprache? Wie wäre es damit:

Mit ihrem „Diskussionsentwurf zu einer Richtlinie zur Präimplantationsdiagnostik" hat die Ärztekammer im März 2000 die öffentliche Diskussion angestoßen: Ist Klonen ethisch vertretbar und rechtlich zulässig? Diese Frage spaltet die Gesellschaft.

Ganz einfach, verständlich – und kürzer!

Als sich Anfang 2004 in den Kasernen der Bundeswehr die Bindehautentzündung ausbreitete, sagte ein Bundeswehr-Sprecher am 6. März im WDR-Fernsehen: *„Wir müssen mit einer reduzierten Tagesdienststärke den Dienst vorantreiben."*

Aua! Erzählt der Soldat das in diesen Worten auch seiner Familie am Wochenende zu Hause? Nein, er drischt solche Phrasen nur, weil ihn seine Vorgesetzten schon seit Jahren mit Ministerial-Deutsch quälen und weil er meint, man rede in den Medien immer so.

Das Sprachmüll-Kartell

Was ist los mit unserer Sprache? Ganz klar: Wir sind in die Mühle eines Kartells geraten. Es ist das Sprachmüll-Kartell der Akademiker, Behörden, Politiker und Journalisten. Ob Wissenschaftstexte, Bescheide von Behörden, Statements von Politikern oder Zeitungsberichte: Das Kartell kämpft für langatmiges, umständliches Deutsch.

Die Kündigungsanzeige durch das Bundesamt für Güterverkehr wird in Kürze ergehen.

Mit diesem Satz zitierten die Medien am 17. Februar 2004 Bundesverkehrsminister Manfred Stolpe. Es hatte sich abgezeichnet, dass er die Zusammenarbeit mit dem Lkw-Maut-Konsortium „Toll Collect“ beenden wollte.

Sprechen Menschen so? Nein, es ist wichtigtuerisches Behörden-Gerede. Das Bundesamt für Güterverkehr wird den Vertrag kündigen, wollte Stolpe sagen. Warum sagte er es dann nicht? Wie bittet wohl ein Bürokrat bei Tisch um das Salz: „Was angestrebt wird, ist der zeitnahe Erhalt des Behältnisses mit den Würzkristallen“?

In dr Krz lg d Wz

Das komplizierte Sprachmüll-Deutsch pumpt Texte zu Monstern auf. Bürokraten sagen die einfachsten Dinge mit endlosen Wörtern und Sätzen. Das ist schon einer der Hauptfehler! Für alle Texte gilt: Mehr als nötig sollten wir nicht sagen.

Immerhin: Unsere Medienwelt ist im Laufe der vergangenen hundert Jahre leserfreundlicher geworden. Anstelle nichts sagender Schlagzeilen wie in den 10er und 20er Jahren des vorigen Jahrhunderts („Neues aus dem Reichstag“), denen gestelzte Endlos-Essays folgten, nennen gute Journalisten heute die Dinge beim Namen („Steuerreform gescheitert“). Was lesen wir lieber? Einen kurzen, knackigen Text von 30 Zeitungszeilen, der uns sofort verrät, was los ist, oder einen akademischen 200-Zeiler, der mit Hilfe komplizierter Gedanken aus dem Elfenbeinturm um den heißen Brei herumredet?

Schonen wir also die Zeit der Menschen! Die meisten lesen freiwillig. Und wird ein Text langweilig, legen ihn die Leser beiseite. Das bedeutet für professionelle Schreiber weniger verkaufte Bücher oder eine sinkende Auflage. Und lesen Menschen unfreiwillig, ist das auch kein Grund, sie zu quälen.

Je kompakter wir schreiben, desto besser. Das gilt für jeden Absatz, jeden Satz, jedes Wort. Schreiben wir nichts ohne Grund. Warum auch sollten wir etwas ohne Grund schreiben? Wir schreiben, weil wir uns etwas dabei gedacht haben.

Regel 6: Schreiben wir nur, was notwendig ist.

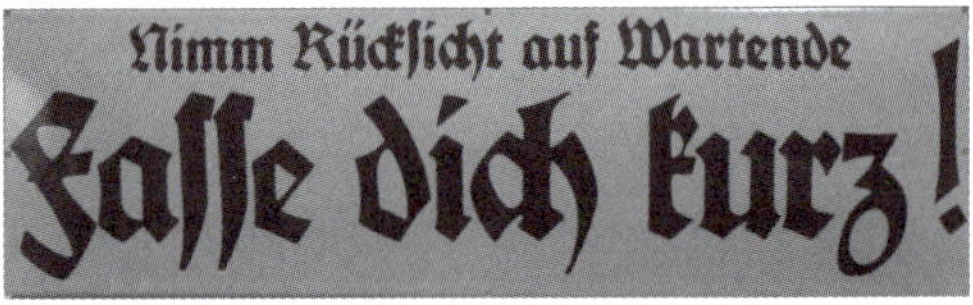

„Fasse dich kurz": ein Telefonzellen-Schild aus alten Zeiten. Auch heute ist Zeit ein knappes Gut – labern wir unsere Leser nicht voll!

Weg mit den Floskeln

Suchen Polizisten nach einem vermissten Kind, suchen sie dann „fieberhaft"? Nur in den Medien. In der Realität suchen sie eben – mehr als suchen können sie nicht. Fahnden Staatsschützer „unter Hochdruck" nach Terroristen? Nur in den Medien. In der Realität fahnden sie eben. Was bietet sich nach jedem Amoklauf und nach jeder Naturkatastrophe? Ein „Bild des Grauens“. Dabei wäre es doch viel besser, das Grauen bildlich im Kopf des Lesers entstehen zu lassen, indem wir es beschreiben! Unternehmen geben „Verhaltensmaßregeln“ heraus und meinen „Verhaltensregeln“ – Maßregelung ist Zurechtweisung oder Strafe.

Regel 7: Prüfen wir jede angeblich gängige Wendung und plappern wir nichts nach. Verwenden wir eigene Worte für das, was wir sagen wollen.

Ab und zu geraten Autoren, die das Geschwafel des Sprachmüll-Kartells nachbeten, an gute Redakteure oder Lektoren – und sollen ihre Texte umschreiben. Manche Autoren verteidigen ihre Phrasen dann: „Es ist doch klar, was gemeint ist!“ Irrtum. Wenn wir uns nicht klar ausdrücken, ist gar nichts klar! Wer, wenn nicht der Autor, soll wissen, was er meint? Und wenn er es weiß, warum schreibt er es dann nicht?

Konkret statt abstrakt

> *Die schlimmsten Befürchtungen sind zur traurigen Gewissheit geworden: Bei dem Erdbeben im Iran starben mehr als 20 000 Menschen.*
>
> *(dpa, 29. Dezember 2003)*

Es ist leider üblich im Journalismus: Eine sinnlose Phrase als Einleitung, schon tausend Mal gelesen bei Naturkatastrophen und Kriminalfällen aller Art. Schauen wir die Worte an. „Schlimmste Befürchtung“:

Wer befürchtet hier was? Kann eine Befürchtung schlimmer sein als schlimm? Oder sind Befürchtungen nicht immer schlimm, weil sie sonst keine Befürchtungen wären? Und die „traurige Gewissheit“: Was ist das? Kann eine Gewissheit traurig sein? Wie sieht das aus, wenn eine Gewissheit trauert? Eher sind doch Menschen traurig! Wer ist hier traurig? Der Redakteur im Büro, der gleich zum Kaffeeautomaten schlurft?

Regel 8: Verwenden wir keine Klischees.

Floskeln wie „schlimmste Befürchtungen“ und „traurige Gewissheit“ sind unkonkret und haben keine Substanz. An Stelle eines Bildes entstehen im Kopf Klischees. Streichen wir die Floskel:

Mehr als 20 000 Menschen starben bei dem Erdbeben im Iran.

Alles ist sofort klar. Dass das Erdbeben schlimm ist, transportiert sich durch die Sache selbst. Und das Wichtige steht am Anfang. Achtung auch vor Politikern und Pressesprechern, die sich um Aussagen drücken:

Die finanziellen Mittel des Landes seien nicht ausreichend, um weiterhin Theater zu unterstützen, sagte ein Sprecher der Landesregierung.

Was sind „finanzielle Mittel“? Geld! Wenn der Mann keine klaren Worte verwendet, müssen wir seinen Sprach-Zement vom Bürokratischen ins Deutsche übersetzen:

Das Land unterstütze keine Theater mehr, weil es dafür kein Geld mehr habe, sagte ein Regierungssprecher.

Regel 9: Verwenden wir konkrete Begriffe.

Auf dem Tisch standen Blumen. Zum ersten Gang gab es eine Gemüsesuppe, zum Hauptgericht Geflügel und zum Nachtisch Obst.

Entsteht hier ein Bild im Kopf? Nein, denn die Informationen sind nicht anschaulich genug! Besser wäre es konkreter. Welche Blumen? Welches Gemüse? Welches Geflügel? Welches Obst? Wie wäre es damit:

Auf dem Tisch stand ein Strauß roter Rosen. Zum ersten Gang gab es eine Spargelcremesuppe, zum Hauptgericht Gänsebrust mit Rotkohl und Klößen und zum Nachtisch Birnenkompott.

Wenn wir konkret denken, werden aus Gebäuden Häuser, aus Menschen Männer, Frauen und Kinder, und aus Fachleuten werden Architekten oder Mediziner. Wer konkret denkt, schreibt auch konkret.

Positiv statt negativ

In der Nacht zum Sonntag brannte auf einem Gehöft bei Waldburg eine Scheune ab. Verletzt wurde niemand. Die Ställe und das Wohnhaus blieben von dem Feuer verschont. Die Brandursache ist unbekannt.

Dass niemand verletzt wurde, mag noch die Antwort auf die nahe liegende Frage sein: Wurde jemand verletzt? Doch dann lesen wir, dass das Feuer nicht auf Ställe und Wohnhaus übergriff. Der Autor schreibt hier, was nicht passiert ist. Nur: Hätte das Feuer Ställe oder Wohnhaus erfasst, stünde es dann nicht im Text? Der Autor könnte ebenso gut schreiben, dass es keinen Waldbrand gab. Auch das entspräche der Wahrheit.

Regel 10: Sagen wir, was ist – nicht, was nicht ist.

Wenn Ihrer Majestät Königin Elizabeth II. etwas nicht passt, schreibt die Presse zuverlässig, sie sei „not amused" oder „nicht amüsiert". Ein im Grunde nettes geflügeltes Wort: Es stellt Ärger mit dezenter Ironie als einer Königin unwürdig dar. Doch leider ist es zu oft verwendet worden und fällig für den Floskel-Friedhof.

Daneben birgt „nicht amüsiert" ein zweites Problem: Wenn die Königin nicht amüsiert ist, ist sie dann zwangsläufig verärgert? Es könnte auch sein, dass ihr die Sache egal ist. Verneinungen sind problematisch, weil sich mehrere Deutungen ergeben können und damit mehrere Bilder im Kopf.

Regel 11: Verwenden wir keine Verneinungen.

Stellen wir uns einen See vor, an dessen Ufer kein Nilpferd steht. Was sehen wir? Entweder wir sehen den See mit Nilpferd – also das, was nicht gemeint ist. Oder wir denken richtig und sehen nur den See. Wir sehen dabei auch kein Nashorn und keine Horde Affen.

Negative Wörter machen Texte beliebig und unkonkret. Sie können sogar gefährlich sein:

Im Brandfall nicht den Aufzug benutzen!

Wir stehen in einem Flammenmeer im Parkhaus und lesen diese Warnung. Sie bringt uns nichts! Denn wohin sollen wir fliehen? Hilfreich wäre eine positive Warnung, die uns das verrät. Außerdem: Schreien wir „Brandfall! Brandfall!“, wenn es brennt? Nein. Ersetzen wir das aufgeblasene Wort „Brandfall“ also durch das, worum es geht:

Bei Feuer die Treppe links vom Aufzug benutzen und den grünen Pfeilen folgen!

Regel 12: Tilgen wir bei verneinten Wörtern die Verneinungen.

Sagen wir also nicht „unrechtmäßig“, sondern „verboten“; sagen wir nicht „unpünktlich“, sondern „zu spät“; sagen wir nicht „unschön“, sondern „hässlich“; sagen wir nicht „unbeherrscht“, sondern „impulsiv“ oder „wütend“.

Regel 13: Vermeiden wir doppelte Verneinungen.

Achtung auch vor Formulierungen wie „nicht kompliziert“ oder „nicht schlecht“. Beim zweiten Blick sehen wir: Es sind doppelte Verneinungen, die sich kürzen lassen und so positiv werden! Denn „kompliziert“ und „schlecht“ sind verneinte positive Wörter:

nicht kompliziert = nicht nicht einfach = einfach
nicht schlecht = nicht nicht gut = gut

Gewiss kommt unser Verstand mit etwas Rechenleistung auf das Ergebnis. Doch ist es ein guter Service, wenn wir unsere Leser rechnen lassen? Natürlich nicht! Oft finden wir sogar dreifache Verneinungen:

nicht unschwer = nicht nicht nicht leicht = schwer

Sagen wir also „kompliziert" statt „nicht unkompliziert"; sagen wir „schön" statt „nicht unschön"; sagen wir „genau" statt „nicht ungenau"; sagen wir „umstritten" statt „nicht unumstritten"; sagen wir „viel" statt „nicht wenig"; sagen wir „bedeutend" statt „nicht unbedeutend"; sagen wir „gewiss" statt „nicht ungewiss".

Oft sind doppelte Verneinungen auch falsch:

Nicht unweit von dort trafen sich Politiker beider Länder.

„Unweit" ist „nah", „nicht unweit" ist „weit". Gemeint ist meist aber „nah" – es ist eine falsche doppelte Verneinung, die uns viele Politiker und Journalisten zumuten. Warum tun sie das? Offenbar verstehen sie selbst nicht, was sie sagen. So mächtig ist das Kartell.

Zum inhaltlichen Unsinn kommt die dramaturgische Wirkung des Negativen. „Nicht kompliziert", „unweit", „nicht schlecht" – solche Formulierungen sind doppelt negativ und wirken auch so! Positive Formulierungen erzeugen dagegen positive Stimmung. Wollen wir mit unseren Texten keine unangenehmen Gefühle erzeugen, sollten wir positive Formulierungen verwenden.

Regel 14: Erzeugen wir positive Assoziationen.

Vielen Dank für Ihr Konzept. Was leider fehlt, ist die Finanzierung.

Oh, es fehlt etwas! Wir haben die Finanzierung vergessen! Und der Absender verwendet das Wort „leider“ und macht unseren Fehler damit doppelt schlimm! Dabei lassen sich die negativen Begriffe „leider“ und „fehlt“ einfach ins Positive umwandeln:

Vielen Dank für Ihr Konzept. Es würde mich sehr freuen, wenn Sie die Finanzierung ergänzen könnten.

So bittet man uns freundlich, unser Konzept zu vervollständigen – ohne dabei schlechte Gefühle zu erzeugen.

Auch Wörter wie „aber“ und „obwohl“ können negativ wirken:

Ich bin Ihrer Meinung. Aber ich will etwas hinzufügen. Ihr Konzept ist gut, obwohl wir es noch verbessern können.

Der „aber“-Satz unterstellt, wir hätten etwas vergessen – denn wozu wäre sonst eine Einschränkung nötig?

Und der „obwohl"-Satz schränkt die eben gemachte Aussage ein, das Konzept sei gut. Wie wäre es damit:

Ich bin Ihrer Meinung. Und ich will etwas hinzufügen. Ihr Konzept ist gut, und wir können es noch besser machen.

Regel 15: Prüfen wir bei jedem „aber" und „obwohl", ob wir es durch ein „und" ersetzen können.

Aktiv statt Passiv

Ein einfaches Mittel, um Texte konkreter zu machen, ist das Aktiv. Verwenden wir aktive Verben! „Der Verdächtige wird vernommen" ist Passiv. Das Passiv unterschlägt, wer den Verdächtigen verhört – wenn nicht umständlich dabeisteht: „von dem Polizisten". Aktiv wäre: „Der Polizist vernimmt den Verdächtigen." Weil das Passiv das Subjekt unterschlägt, verwenden es Politiker und Behörden so gerne. Denn so können sie die Frage nach dem „Wer" unterschlagen! Und Horden von Journalisten schreiben alles brav ab.

Den Theatern werden die Mittel gestrichen.

Wer kürzt den Theatern die Mittel? Die Regierung, die wir gewählt haben? Der Papst? Sobald wir den Übeltäter nennen, erkennen wir: Der Ausdruck „von der Landesregierung" würde den Satz zu sperrig machen. Verwenden wir gleich das Aktiv!

Die Landesregierung streicht den Theatern das Geld.

Denken wir in aktiven Sätzen, werden wir automatisch nach den Übeltätern fragen und sie benennen – denn jeder aktive Satz braucht ein Subjekt.

Regel 16: Prüfen wir bei jedem Passiv-Satz, ob wir ihn durch einen Aktiv-Satz ersetzen können.

Der Stil unserer Texte wird gut, wenn wir jedes Wort darauf prüfen, ob es das sagt, was wir sagen wollen. Auf die meisten gängigen Wendungen können wir verzichten – sie sind oft verbraucht. Plappern wir niemals angeblich modische oder schicke Wendungen nach! Stattdessen sollten wir konkret, positiv und aktiv schreiben. Untersuchen wir alle Formulierungen darauf, ob sie Bilder im Kopf entstehen lassen. Prüfen wir stets, ob wir etwas noch genauer sagen können. Vermeiden wir Verneinungen und verwenden wir stattdessen klare, positive Formulierungen. Erzeugen wir bei unseren Lesern stets positive Assoziationen und Gefühle.

3. Bausätze für Sätze

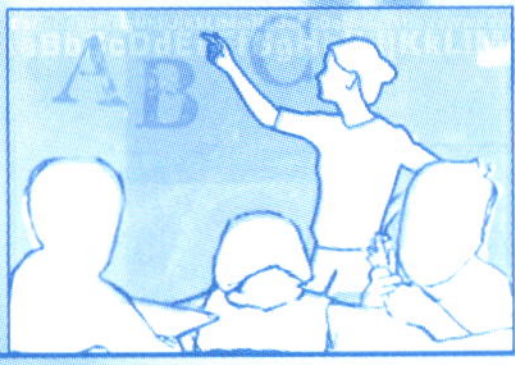

Was muss der erste Satz leisten? *Seite 41*

Wie erzeugen wir Rhythmus? *Seite 42*

Wie machen wir Sätze lesefreundlich? *Seite 45*

Wir haben unsere Gedanken geordnet, aus jedem Gedanken einen Absatz gemacht und alle Absätze in eine Reihenfolge gebracht. Wir kennen die Gesetze für guten Stil und können beginnen zu schreiben.

Regel 17: Setzen wir mit dem ersten Satz ein Zeichen.

Der erste Satz unseres Textes ist besonders wichtig. Er soll unsere Leser in den Text hineinziehen und sie dazu bringen weiterzulesen. Der erste Satz soll anreißen, was wir sagen wollen, und schon die wichtigsten Informationen geben. Die Empfehlung, die Hollywood-Produzent Samuel Goldwyn (1882-1974) seinen Drehbuchautoren gab, gehört heute zum Lehrstoff an Journalistenschulen: „Mit einem Erdbeben anfangen und langsam steigern!"

Regel 18: Einleitungen sind unnötig.

Kennen Sie Floskeln wie „Kommen wir zur Sache"? Das Witzige daran ist: Wenn wir das sagen, tun wir es ja gerade nicht! So lange wir „Kommen wir zur Sache" sagen, kommen wir nicht zur Sache. Diese Floskel tut genau das Gegenteil dessen, was sie beabsichtigt.

Kommen wir also gleich zur Sache! Im Beispiel „Gruppenreise nach Berlin" beginnen wir mit dem Gedanken:

> *Reise nach Berlin. Kanzler getroffen! Holger, Annika, Hans, Heike und Paul plaudern mit dem Kanzler am Brandenburger Tor.*

Das ist keine Einleitung, sondern es sind die ersten Fakten in unserem Text. Eine Einleitung wäre ein Satz wie:

Im Folgenden lesen Sie einen Reisebericht.

Manche Autoren schreiben einen Satz und fahren fort mit „Im Klartext:“. Wieder so eine Einleitung! Damit sagt der Autor, er habe zuvor keinen Klartext geschrieben; und er kündigt an, dass nun Klartext folgt. Warum sollten wir etwas schreiben, was nicht Klartext ist?

Verzichten wir also auf Einleitungen! Wir müssen unsere Leser nicht vorbereiten. Sie wissen, dass sie einen Text zu lesen beginnen, und wollen Informationen.

Bei fiktionalen Texten, etwa bei Kriminalromanen, können wir uns gewiss über Details einer Situation der Hauptsache nähern und durch einen geschickten Spannungsaufbau unsere Leser fesseln. Doch sollten hier alle Details eine dramaturgische Rolle spielen, damit sich der Inhalt auch in einem sinnvollen Zusammenhang erschließt. Und schon haben wir es auch hier nicht mehr mit einer Einleitung zu tun, sondern liefern Fakten.

Lang oder kurz?

Wie lang darf ein Satz sein? Die Regel „In dr Krz lg d Wz“ gilt im Allgemeinen auch für Sätze. Sobald wir gesagt haben, was wir sagen wollen, sollte ein Punkt kommen. Doch zugleich ist ständiger Stakkato-Stil qualvoll. Das Geheimnis liegt in einer guten Mischung: Lebhaft wird unser Text dann, wenn wir zwischen längeren und kürzeren Sätzen variieren. Dann bekommt unser Text Rhythmus.

Regel 19: Schreiben wir so, als sei unser Text zum Vorlesen gedacht.

Den Rhythmus hören wir, wenn wir laut lesen. Abwechslung bei den Satzlängen macht auch den drögesten Inhalt spannender. Und auch beim stillen Lesen hören viele Menschen die Satzmelodie im Kopf.

Regel 20: Schreiben wir grundsätzlich kurze Sätze, und nutzen wir längere Sätze zur Variation.

Kurze Sätze zu schreiben ist Trainingssache. Genehmigen wir uns zunächst zwanzig Wörter pro Satz. Sobald wir weniger brauchen, gehen wir auf fünfzehn und dann auf zwölf. Nur ungefähr – es sind Übungsgrößen. Und wenn wir im Schreibfluss sind, dann schreiben wir! Blockieren wir uns nicht durch Regeln. Sinn der Zwölf-Wörter-Regel ist es, dass wir mit der Zeit die Wortanzahl in unseren Sätzen senken.

Schachtelsätze entschachteln

Halten wir uns an die Regel, vorwiegend kurze Sätze zu schreiben, haben wir ein Problem schon gelöst: Wir werden uns kaum dazu hinreißen lassen, Schachtelsätze zu schreiben. Schachtelsätze sind typisch für Leute, die ihre Gedanken nicht auf den Punkt bringen können:

Als ich nach vier endlosen Stunden in einem engen, heruntergekommenen und stinkenden Eisenbahnab-

teil inmitten lauter schrecklicher, nicht weniger stinkender Menschen, von denen sich einer besonders im Vortrag unappetitlicher Witze hervortat, endlich in München ankam, war ich bass erstaunt, als sich mein Hotelzimmer als eine nahezu ebenso unerträgliche und fürchterliche Lokalität herausstellte wie besagtes Abteil, nur dass der Zoten reißende Kerl sich nun nicht mehr neben mir breitmachte, was ich allerdings tags drauf schon nicht mehr als Entlastung betrachtete, als er sich zum Frühstück an meinen Tisch setzte.

Klingt das intellektuell? Nein, der Autor hat versagt! Er bringt die wesentlichen Fakten zu spät, er gefällt sich in antiquierten und umständlichen Floskeln („bass erstaunt", „besagtes Abteil"), er bringt Wichtiges in Nebensätzen („als er sich zum Frühstück an meinen Tisch setzte"). Wer wirr schreibt, denkt auch wirr – warum sollen wir das Gerede eines Wirrkopfes lesen? Wie wäre es damit:

Ich ertrug nicht nur vier Stunden Enge und Gestank in einem heruntergekommenen Eisenbahnabteil. Nein, auch die Menschen waren schrecklich und stanken. Einer riss unappetitliche Witze. Wie froh war ich, als der Zug in München hielt und ich aussteigen durfte! Doch die Freude währte nicht lange: Mein Hotelzimmer war ebenso fürchterlich wie das Eisenbahnabteil. Und der Kerl, der im Zug Zoten gerissen hatte, setzte sich am nächsten Morgen zum Frühstück an meinen Tisch.

Regel 21: Zerlegen wir Schachtelsätze.

Unverständlich werden Sätze auch dann, wenn wir zusammengesetzte Verben auseinander reißen:

Ich legte an dem Steg, der zu unserem Haus gehörte, an.

Wir wissen bis kurz vor Schluss nicht, worum es geht: Was legte ich? Etwas fest? Den Hund an die Kette? Mich schlafen? Nein, ich legte an. Das erfahren wir am Ende des Satzes. Zu spät! Dabei lässt sich die Verwirrung leicht vermeiden, indem möglichst wenig zwischen den Teilen des Verbs steht:

Ich legte an dem Steg an, der zu unserem Haus gehörte.

Regel 22: Lassen wir Teile von zusammengesetzten Verben möglichst nah beieinander.

Hauptsatz oder Nebensatz?

Es gibt Hauptsätze und Nebensätze. Hauptsätze sollen wichtige Informationen vermitteln. Nebensätze sind für Gedanken da, die den Hauptgedanken untergeordnet sind. Was in einen Hauptsatz und was in einen Nebensatz gehört, hängt also von unserer Bewertung ab.

Ich legte an dem Steg an, der zu unserem Haus gehörte.

Was ist das Wichtigste? Dass ich anlegte? Oder dass ich das an dem Steg tat, der zum Haus gehörte?

Regel 23: Schreiben wir Übergeordnetes in Hauptsätze und Untergeordnetes in Nebensätze.

Wenn das Anlegen wichtig ist, schreiben wir:

Ich legte an dem Steg an, der zu unserem Haus gehörte.

Ist hingegen das Eigentum wichtig, schreiben wir:

Der Steg, an dem ich anlegte, gehörte zu unserem Haus.

Zusammenlassen, was zusammengehört – das gilt nicht nur für Verben, sondern auch für ganze Satzteile. Auch wenn manche Medien es als pseudo-schicke Unsitte pflegen, zusammengehörende Gedanken zu zerhacken:

Lesen ist, das sagt eine neue Studie, gut für Kinder.

Was soll das? Wer zusammengehörende Satzteile trennt, gibt seinen Lesern eine unvollständige Information und lässt sie auf die Ergänzung warten. Wie wäre es damit:

Lesen ist gut für Kinder, sagt eine neue Studie.

Regel 24: Verwirren wir unsere Leser nicht mit Objekten am Satzanfang.

Der übliche Satzaufbau lautet Subjekt-Prädikat-Objekt. Verwirrend ist es, wenn wir das Objekt an den Satzanfang stellen:

Mehr Einsatz und bessere Ergebnisse erwartet die Unternehmensleitung von den Mitarbeitern.

Das hemmt den Lesefluss! Bei „erwartet“ denken wir: Das ist ein Grammatikfehler, es müsste „erwarten“ heißen. Dann merken wir: Der Einsatz und die Ergebnisse sind gar nicht das Subjekt! Klar wird der Satz so:

Die Unternehmensleitung erwartet von den Mitarbeitern mehr Einsatz und bessere Ergebnisse.

Bleiben wir in der Reihenfolge Subjekt-Prädikat-Objekt, so unterbrechen wir den Lesefluss nicht.

Regel 25: Stören wir niemals den Lesefluss.

Mit einem Erdbeben beginnen und dann steigern! Daran sollten wir denken, wenn wir den ersten Satz unseres Textes schreiben. Vermeiden wir Einleitungen – sie halten unsere Leser unnötig auf. Schreiben wir kurze, klare Sätze und lockern wir unseren Text mit einzelnen längeren Sätzen auf: Eine gute Mischung sorgt für Rhythmus. Vermeiden wir Schachtelsätze. Beim Aufbau von Satzkonstruktionen sollten wir das Wichtige in den Hauptsatz packen und das Untergeordnete in den Nebensatz. Schreiben wir Sätze so, dass sie dem natürlichen Lesefluss entsprechen: Subjekt-Prädikat-Objekt.

4. Die richtigen Wörter

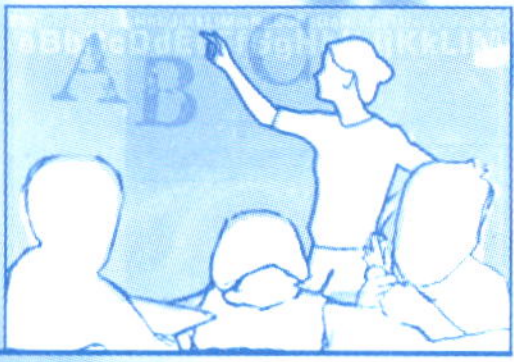

Wussten Sie, dass es sinnvolle und sinnlose Wörter gibt? Seite 49

Wussten Sie, dass Verben besonders wertvoll sind? Seite 51

Wussten Sie, dass Adjektive besonders tückisch sind? Seite 56

Regel 26: Schreiben wir kurze Wörter.

Auch bei Wörtern gilt: So kurz wie möglich. Das geht nicht, denn Wörter sind so lang, wie sie sind? Stimmt! Aber nur, wenn es um Wörter wie „Haus", „lachen", oder „grün" geht. Das sind klare, einfache Wörter.

Wortmüll entsorgen
Doch viele Wörter sind Mogelpackungen. Sie sagen das, was sie sagen sollen, doppelt oder unnötig umständlich. Erfassen Sie Wörter wie „Restrukturierungsmaßnahme" oder „Reintegrationsproblematik" auf einen Blick? Kompliment!

Viele Wörter sind sinnlos: Bei einer „Maßnahme" geschieht zwar etwas. Aber was? Die „Maßnahme" ist das Lieblingswort von Leuten, die gerne Dinge verschleiern. Eine „Maßnahme zur Vorbereitung der Baugrunderschließung zur Verbreiterung der Schillerstraße" kann bedeuten, dass Arbeiter schöne, alte Bäume fällen – da verstecken sich Politiker und Behörden gerne hinter Wort-Ungetümen.

Einige Wörter werden immer wieder falsch gebildet, und wir gewöhnen uns daran:

Meier gewann, gefolgt von Müller und Schulze.

Kann Meier gefolgt sein oder gefolgt werden? Nein! Meier ist auch nicht „geglaubt von Schulze", wenn Schulze Meier glaubt. Schreiben wir lieber einfach und richtig:

Meier gewann, dann folgten Müller und Schulze.

Andere Wörter haben zwar einen sinnvollen Kern, doch der ist umgeben von wertlosem Füllstoff. Aus „sparen" machen Wichtigtuer „einsparen", aus „kaufen" machen sie „aufkaufen", die „Antwort" wird zur „Beantwortung" oder zur „Rückantwort". Manchmal besteht der Füllstoff aus ganzen Wörtern: Aus „häufigen Fragen" werden „häufig gestellte Fragen" – dabei gehört es zur Frage, dass sie gestellt wird. Auch Wörter wie „auseinander dividieren" (= „zerlegen", „betrachten") oder „Stillschweigen" (= „Schweigen") sind aufgedunsener Unsinn.

Ist das, was wir sagen wollen, so unwichtig, dass wir es aufblasen müssen? Nein? Schön! Dann genügen auch einfache Wörter. Die Bedeutung entspringt der Sache selbst.

Regel 27: Prüfen wir bei jedem Wort, ob es sich streichen oder kürzen lässt.

Um genau das zu sagen, was wir sagen wollen, sollten wir die richtigen Wortarten verwenden. Die wichtigsten Wortarten sind Verben, Substantive und Adjektive. Verben benennen Ereignisse, Zustände und Tätigkeiten („regnen", „frieren", „heben"), Substantive benennen Personen und Dinge („Frau", „Haus"), und Adjektive benennen Eigenschaften („gelb", „groß", „gut"). Viele Schreiber bringen diese Funktionen durcheinander und beschreiben Tätigkeiten mit Substantiven:

Bei einer Teilöffnung der Krankenhäuser für ambulant zu erbringende spezialisierte Leistungen und die Behandlung bei besonderen Erkrankungen sowie einer befristeten Ermächtigung für ambulante Leistungen bei Unterversorgung würde der Aspekt der persönlichen Arzt-Patienten-Beziehung außer Acht gelassen, hat die Bundesärztekammer kritisiert.
(Deutsches Ärzteblatt, 13. Februar 2004)

„Teilöffnung", „Leistungen", „Behandlung" – das sind abstrakte Hauptwörter, die Tätigkeiten beschreiben und aus denen wir die Verben herausschälen müssen: „öffnen", „leisten", „behandeln". Fachtexte sind meist nicht wegen ihres komplizierten Inhalts unverständlich, sondern weil die Autoren die Sprache verknoten. Ein Beispiel aus dem Juristen-Deutsch:

Der Richter nimmt die Vereidigung des Zeugen vor.

Wir schälen das Verb heraus und übersetzen:

Der Richter vereidigt den Zeugen.

Die Folge: Der Satz wird kürzer! Schreiben wir also „beantragen" statt „Antrag stellen"; schreiben wir „genehmigen" statt „Genehmigung erteilen".

Die besten Verben

Vorsicht! Nicht alle Verben sind gleich sinnvoll:

1. Die schönsten Verben sind konkrete bildhafte Verben. Sie beschreiben Tätigkeiten, die wir sehen oder

hören können: „geben“, „lachen“, „sagen“. Je mehr wir davon verwenden, desto anschaulicher wird unser Text.

2. Auch sehr schön sind abstrakte bildhafte Verben. Sie beschreiben Tätigkeiten, die eine Vorstellung in uns wachrufen: „vereinbaren“, „planen“, „empfinden“, „schätzen“, „überlegen“.

3. Umständlich sind Verben, die von Substantiven abgeleitet sind: „problematisieren“, „ideologisieren“, „beinhalten“, „erfolgen“. Weg damit! Recherchieren wir, was diese Verben meinen, und schreiben wir es hin.

4. Schlimm sind aufgeblasene Verben: „durchkonstruieren“ (= „konstruieren“), „durchplanen“ (= „planen“), „abzielen“ (= „zielen“). Lassen wir die Luft raus!

5. Sehr ärgerlich sind Fremdwörter, die sich einfach durch ein deutsches Wort ersetzen lassen: „implementieren“ (= „einpflanzen“, „einsetzen“). Problem: Viele Leser verstehen solche Fremdwörter nicht. Und Verständlichkeit ist oberstes Gebot. Sagen wir’s auf Deutsch!

6. Die schlimmsten Verben sind nur in Verbindung mit einem Substantiv lebensfähig: „einen Beschluss fassen“ (= „etwas beschließen“), „einen Besuch abstatten“ (= „jemanden besuchen“), „eine Verabredung treffen“ (= „sich verabreden“), Sprachmüll-Alarm-

stufe Rot! Im Substantiv steckt das Verb, das wir brauchen: Holen wir es raus und werfen wir den Rest weg.

Regel 28: Ersetzen wir aufgeblasene durch bildhafte Verben.

Eine Unsitte bei der Presse ist das „so" als Verb-Ersatz. Ein Beispiel aus dem „Spiegel" 9/2004:

„Denn wer mit Tempo 250 auf der Autobahn unterwegs ist", so Hecking, „der ist in den Augen mancher Leute ja schon ein potenzieller Mörder."

Im selben Text: *„Aber er schoss in den Wald", so M.*

Viele Medien schreiben das „so" ab – Nachrichtensprecher lesen es sogar vor. Was spricht gegen „sagte"? „So" ist kein Verb. Es ist sinnentleerter Wortmüll, an dem nichts schick ist.

Regel 29: Verwenden wir niemals das Wörtchen „so" als Ersatz für ein Prädikat.

Die besten Substantive

Auch unter den Substantiven gibt es sinnvolle und weniger sinnvolle.

1. Am schönsten sind greifbare bildhafte Substantive: „Baustelle", „Unterschrift", „Richter".

2. Dann folgen abstrakte bildhafte Substantive: „Liebe", „Anstand", „Absicht", „Stärke", „Gewissen".

3. Umständlicher, aber schwer zu vermeiden sind Substantive, die von Verben oder Adjektiven abgeleitet sind: „Vereinbarung", (von „vereinbaren"), „Beleidigung" (von „beleidigen") „Gerechtigkeit" (von „gerecht").

4. Ärgerlich und vermeidbar sind aufgeblasene Substantive: „Anständigkeit" (= „Anstand"), „Beantwortung" (= „Antwort"), „Geflügel" (= „Huhn", „Ente"), „Staatswesen" (= „Staat"), „Abgeneigtheit" (= „Abneigung"), „Verkehrsaufkommen" (= „Verkehr"). Übel sind auch sinnlose Plurale: „Verantwortlichkeiten" (= „Verantwortung"), „Gelder" (= „Geld").

5. Überflüssig sind Fremdwörter, die sich einfach durch ein deutsches Wort ersetzen lassen: „Antidot" (= „Gegengift"), „Präferenz" (=„Vorliebe"), „Deklaration" (= „Erklärung").

6. Am schlimmsten sind unkonkrete Substantiv-Monster, die Fragen aufwerfen: „Inbetriebnahme" (= „etwas anschalten" – was?) „Vorschubleistung" (= „etwas unterstützen" – was?), „Infragestellung" (= „etwas in Frage stellen", „an etwas zweifeln" – was, woran?).

Regel 30: Prüfen wir bei jedem Substantiv, ob wir es durch ein Verb ersetzen oder vereinfachen können. Verwenden wir bildhafte Substantive.

Viele Schreiber meinen, Wörter dürften sich nicht wiederholen. Vorsicht! Die Presse zeigt, dass der Griff zu Wortbildern nervige Floskel-Gewitter auslösen kann:

Ist von Störchen die Rede, kommt irgendwann „Adebar"; geht es um Dresden, folgt „Elbflorenz". Ebenso abgegriffen sind das „Oberhaupt der katholischen Kirche", das „Edelgemüse", der „Dickhäuter", das „Leder", der „Wonneproppen" und das „Gotteshaus". Alle erraten? So gut hat man uns die Floskeln einprogrammiert. Gegen Wiederholungen spricht dagegen überhaupt nichts:

Annika fuhr mit ihrem Auto nach Köln. Sie stellte das Auto am Rheinufer ab und schaute sich die Kölner Altstadt an. Köln gefiel Annika sehr gut. Dann ging Annika zum Auto zurück und verließ Köln in Richtung Aachen.

Nichts und niemand drängt uns dazu, „Domstadt" zu schreiben! Es geht um Köln, also sagen wir das auch.

Achtung vor Ersatz-Wörtern, die etwas in einem übertragenen Sinne sagen: Wenn wir die US-Regierung meinen – warum sollten wir „Washington" schreiben? Eine Journalisten-Phrase, die viele inzwischen für normal halten! Welche Verwirrung schafft das in Deutschland: Mit „Berlin" können eine Bundes- und eine Landesregierung gemeint sein. Meinen wir die US-Regierung, dann benennen wir sie auch. Es gibt keinen Grund, dafür ein Ersatzwort zu verwenden.

Am 29. März 2003 zeigten Redakteure der Webseite tagesschau.de, wie sinnentleert Wortbilder sein können. Sie schrieben, inhaltlich fraglos korrekt, die Überschrift „London immer noch weit von Moskau entfernt".

Regel 31: Nennen wir die Dinge beim Namen und verzichten wir auf Ersatz-Wörter, Umschreibungen und Häufungen von Wortbildern.

Adjektive richtig verwenden

Eine Wortart sorgt für besonders viel Sprachkrampf: die Adjektive. Adjektive ordnen einem Substantiv Eigenschaften zu, doch oft finden wir falsche Bezüge. Beispiel: Hat ein Arzt ein „anatomisches Lexikon“ im Regal? Nein! Das Adjektiv „anatomisch“ bezieht sich auf das Substantiv „Lexikon“! Doch nicht das Lexikon ist anatomisch, sondern der menschliche Körper, um den es darin geht. Im Regal des Arztes steht ein „Anatomie-Lexikon“. Es geht ja schließlich auch nicht um ein „ärztliches Regal“.

Wie heißt das deutsche Außenministerium? „Auswärtiges Amt“? Wie geht das, wenn es im Landesinnern steht? Nicht das Amt ist auswärtig, sondern die Dinge, um die es sich kümmert! In der DDR hieß das Außenministerium korrekt „Ministerium für auswärtige Angelegenheiten“.

Die Akademiker sind nicht besser: Die „Technische Universität“ ist nicht technisch, sondern bestenfalls eine „Technik-Universität“. Journalisten schreiben von „politischen Beobachtern“. Gibt es auch sportliche und kulturelle Beobachter? Gemeint sind „Beobachter der Politik“! Und im Wetterbericht hören wir immer wieder von „bewölkten 14 Grad“. Können 14 Grad bewölkt sein? Nicht die Temperatur ist bewölkt, sondern der Himmel!

Regel 32: Prüfen wir jedes Adjektiv darauf, ob es tatsächlich nur das Substantiv beschreibt, auf das es sich grammatisch bezieht.

Gefährlich sind vor allem zusammengesetzte Substantive: Adjektive beziehen sich immer auf den letzten Teil eines zusammengesetzten Substantivs. Wer uns ein „außerordentliches Kündigungsrecht" einräumt, meint damit eher das „Recht zur außerordentlichen Kündigung". Denn außerordentlich ist die Kündigung, nicht das Recht dazu.

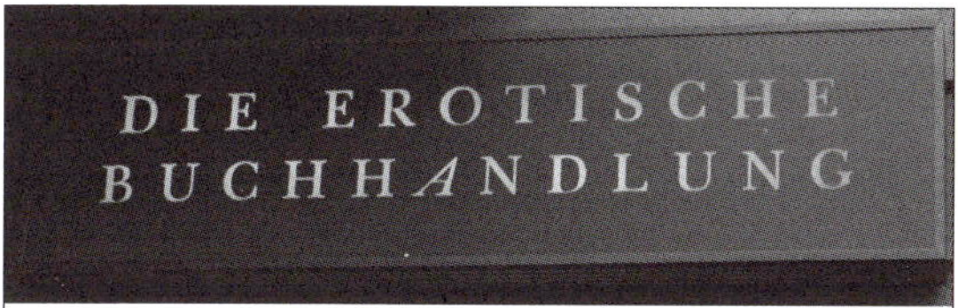

„Erotische Buchhandlung": „Erotisch" bezieht sich hier auf die„Handlung", nicht auf das „Buch". Gemeint ist eine„Erotik-Buchhandlung". Oder gehen wir in die „sportliche Schuhabteilung"? Nein – wir gehen in die „Sportschuhe-Abteilung"!

Das große Haus, das kleine Haus, der schnelle Läufer, der langsame Läufer – diese Adjektive beschreiben und bewerten Substantive. Und das war's schon mit dem Sinn der Adjektive! Adjektive, die nichts beschreiben, brauchen wir nicht.

Da Adjektive etwas beschreiben sollen, sind sie auch dann sinnlos, wenn die Beschreibung schon im Substantiv enthalten ist. Wenn wir etwas doppelt beschreiben, ist das eine Tautologie – wie „alter Greis“ und „weißer Schimmel“. Es geht auch subtiler: „absolute Gewissheit“ (wäre im Wort „Gewissheit“ das Absolute nicht schon enthalten, wäre es eine Wahrscheinlichkeit oder Möglichkeit); „endgültige Parkposition“ (wo die Maschine vorübergehend steht, „hält“ sie); „völliger Stillstand“ (was wäre ein „teilweiser Stillstand“?). Vorsicht auch vor modischem Schnickschnack wie dem „integralen Bestandteil“! „Integral“ ist etwas, was ein Ganzes ausmacht. Es kann daher kein Bestandteil sein. Das Substantiv „Bestandteil“ meint ohnehin nur „Teil“.

Streng genommen sollten wir Tautologien immer vermeiden. Doch manchmal scheinen sie sinnvoll: Ein spannender Fall ist das in Deutschland häufige Schild „Unbefugten ist der Zutritt verboten“. Das Adjektiv „verboten“ ist tautologisch, da es ja das Unbefugtsein ausmacht. Also eine Null-Aussage: Wem sonst sollte der Zutritt verboten sein, wenn nicht den Unbefugten? Andererseits würde die kürzere Aussage „Zutritt verboten“ auch denen den Zutritt verweigern, die hineindürfen. Was wählen wir? Halten wir es, wie wir wollen.

Sinnvolle oder sinnlose Tautologie? „Unbefugten ist der Zutritt verboten!“

Und es gibt schöne und eindrucksvolle Tautologien. Laut Johannes-Evangelium überschrieb Pontius Pilatus das Kreuz Jesu Christi mit den Worten „Jesus von Nazareth, König der Juden“ und handelte sich damit den Protest der Hohepriester ein. Pilatus' Antwort war tautologisch: „Was ich geschrieben habe, das habe ich geschrieben!“ Keineswegs eine Null-Aussage, sondern mächtige Rhetorik!

Die richtigen Bindewörter

Die Sprache bietet einige Tricks, um Gedanken elegant zu verbinden. Einige Bindewörter täuschen Verbindungen nur vor, andere erzeugen echte Verbindungen.

Ein bis an die Grenze des Erträglichen überstrapaziertes Wort ist das vom „Spiegel“ geliebte „indes“ (= „indessen“, „währenddessen“): Es heuchelt unter dem Vorwand eines zeitlichen Zusammenhangs thematische Konsistenz. Ein Beispiel aus dem „Spiegel“ 8/1999:

Die Ergebnisse waren nicht eindeutig, lieferten indes Verdachtsmomente genug, die Experimente fortzusetzen.

Warum „indes“? Warum verwendet der Autor nicht „zwar/aber“? Mit der Plage „indes“ geben uns Journalisten das trügerische Gefühl, zwischen unabhängigen Dingen bestehe ein Zusammenhang:

Der US-Präsident besuchte Deutschland. Indes krachten in Frankreich zwei Züge ineinander.

Wenn wir Satzteile oder Sätze verbinden wollen, sollten wir schauen: Auf welche Weise stehen beide miteinander in Verbindung? Wollen wir Absätze verbinden, gibt es zwei Möglichkeiten:

- Wir untersuchen, wie die Absätze (= Gedanken) miteinander in Verbindung stehen. So gelingt uns eine saubere Überleitung.
- Wir untersuchen nur den letzten Satz des ersten Absatzes und den ersten Satz des zweiten Absatzes. Wie stehen sie miteinander in Verbindung? Das gehört schon zur Trickkiste für den Fall, dass Gedanken nicht geschmeidig aufeinander folgen.

Dann wählen wir das passende Bindewort.

1. Ist das eine der Grund für das andere (kausal), verwenden wir „weil“, „darum“ oder „deshalb“:
   Paul kann nicht arbeiten, weil er krank ist.
   Paul ist krank. Deshalb kann er nicht arbeiten.

2. Stehen die Teile in einem zeitlichen Zusammenhang (temporal) und geschehen gleichzeitig, nehmen wir „als“ oder „da“:
   Als Annika in Köln ankam, ging die Sonne auf.
   Annika kam in Köln an. Da ging die Sonne auf.

Geschieht das eine zeitlich vor dem anderen, nehmen wir „bevor“ oder „bis“:
Bevor Annika in Köln ankam, war es noch dunkel.
Es war dunkel. Bis Annika in Köln ankam.

Geschieht das eine zeitlich nach dem anderen, nehmen wir „nachdem“:

Nachdem Annika angekommen war, wurde es hell.

3. Ist das eine das Ziel des anderen (final), verwenden wir „um" oder „damit":
   Jörn isst etwas, um satt zu werden.
   Jörn isst etwas, damit er satt wird.

4. Verhält sich ein Teil gegenüber dem anderen wie ein Zugeständnis (konzessiv), verwenden wir „obwohl" oder „dennoch" – es sei denn, wir können das „obwohl" durch ein „und" ersetzen:
   Obwohl Frank keinen Hunger hatte, aß er etwas.
   Frank hatte keinen Hunger. Dennoch aß er etwas.

Regel 33: Prüfen wir genau, woraus eine Verbindung zwischen zwei Gedanken besteht und verwenden wir das passende Bindewort.

Es gibt geeignete und weniger geeignete Wörter. Geeignete Wörter sind bildhaft und konkret. Weniger geeignet sind abstrakte, aufgeblasene Wörter. Vereinfachen wir sie! Und verwenden wir die Wortarten richtig: Substantive benennen Personen und Dinge. Verben benennen Tätigkeiten. Adjektive benennen Eigenschaften. Adjektive sind die schwierigsten Wörter. Viele Autoren ordnen sie falsch zu. Vor allem bei zusammengesetzten Substantiven sollten wir beachten: Adjektive beziehen sich stets auf den letzten Teil des Substantivs. Für eine elegante Überleitung wählen wir genau das Bindewort, das für den jeweiligen Zusammenhang passt.

5. Im Zauberland der Satzzeichen

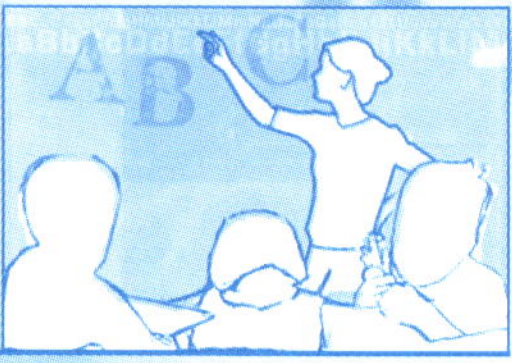

Wissen Sie, wie man mit Satzzeichen Spannung erzeugt? *Seite 63*

Wissen Sie, was die Satzzeichen ausdrücken? *Seite 64*

Kennen Sie die wichtigsten Typografie-Fallen? *Seite 68*

Regel 34: Verwenden wir Satzzeichen als dramaturgische Mittel, um Texte spannender zu machen.

Satzzeichen heben oder senken die Stimme beim Lesen und sorgen so für Spannungshöhepunkte und Auflösungen. Das sehen wir zum Beispiel an den folgenden Absätzen.

Am Abend wollte Holger Nudeln kochen. Er ging in die Küche. Er sah in den Schrank. Es waren keine Nudeln mehr da. Holger sah zur Uhr. Es war fast halb sieben. Holger zog sich die Jacke an und rannte zum Supermarkt. Eine Verkäuferin verschloss gerade die Tür. Doch sie sah Holger und ließ ihn herein.

Der gleiche Text mit mehr Rhythmus durch Variation bei den Satzzeichen:

Am Abend wollte Holger Nudeln kochen. Er ging in die Küche, sah in den Schrank – es waren keine Nudeln mehr da! Holger sah zur Uhr: Es war fast halb sieben. Holger zog sich die Jacke an und rannte zum Supermarkt. Eine Verkäuferin verschloss gerade die Tür – doch sie sah Holger und ließ ihn herein.

Die Satzzeichen verändern die Satzmelodie: Der Doppelpunkt hebt sie leicht, der Punkt senkt sie. Das Ausrufezeichen hebt die Stimme und macht sie lauter. Der Gedankenstrich hält die Melodie auf ihrer Höhe und setzt eine Pause.

Wozu sind die einzelnen Satzzeichen genau da?

Das Komma

Das Komma hebt zwar unsere Stimme leicht und macht eine Pause, gehört aber nicht zu den dramaturgischen Mitteln. Das Komma ist oft nötig, damit der Sinn eines Satzes deutlich wird:

Paul empfiehlt Ina, alles zu erzählen.
Paul empfiehlt, Ina alles zu erzählen.

Der Punkt

Der Punkt schließt meist einen Aussagesatz oder einen Ausdruck ab:

Hans betritt die Bank.
Alles klar.

Der Punkt steht auch nach vielen Abkürzungen und Ordnungszahlen:

Prof. Dr. h. c. Müller betrat die Bank.
Der 3. Oktober ist Nationalfeiertag in Deutschland.

Der Doppelpunkt

Der Doppelpunkt kündigt etwas an und hebt dazu die Satzmelodie.

Hans sagte: „Tolles Wetter heute.“
Was Holger nie verstanden hat: Anke liebt Klaus.
Öffnungszeiten: Mo.-Fr. 9-18 Uhr. Eintritt: 5 Euro.

Regel 35: Setzen wir nur dann einen Doppelpunkt, wenn wir dabei auch etwas ankündigen.

Da der Doppelpunkt etwas ankündigt, kann der Satz danach nicht seinerseits eine Ankündigung sein. Ein stilistisches Verbrechen ist dieses Beispiel:

Damit ist klar: Wenn Anke Klaus liebt, folgt: Holger hat bei Anke keine Chance.

Regel 36: Lassen wir nie zwei Doppelpunkt-Sätze aufeinander folgen. Die Spannung des Doppelpunkts verlangt nach Auflösung.

Anke liebt Klaus. Damit ist klar: Holger hat bei ihr keine Chance.

Das Semikolon

Das Semikolon (;) ist ein halbherziges Satzzeichen. Es ist ein Mittelding zwischen Komma und Punkt. Besser ist es, wenn wir uns für Komma oder Punkt entscheiden. Ausnahmsweise können wir das Semikolon setzen, wenn ein Komma in einem Gedankenfluss zu weich und ein Punkt zu hart wäre:

Natürlich liebte Klaus Annika über alles und wollte sie auch heiraten; doch müsste er dann sein frivoles Junggesellenleben aufgeben.

Praktisch ist das Semikolon, wenn wir Aufzählungen aneinander reihen:

Am Montag sprechen Eckert, Waidner und Steiner; am Dienstag Vatter, Merkel und Heise; am Mittwoch Frädrich, Schweizer und Grimme.

Das Ausrufezeichen
Mit dem Ausrufezeichen sollten wir sparsam umgehen. Manche Autoren setzen Ausrufezeichen, um Empörung, Begeisterung oder Entsetzen auszudrücken:

Tausende Menschen starben in den Trümmern!

Besser ist es, wenn wir diese Gefühle im Kopf der Leser entstehen lassen. Die Sache selbst sorgt dann für Empörung, Begeisterung oder Entsetzen:

Tausende Menschen starben in den Trümmern.

Sinnvoll ist das Ausrufezeichen hinter Befehlen und Ausrufen:

Gib her! So ein Mist!

Kein Ausrufezeichen folgt auf Befehle in indirekter Rede:

Der Offizier befahl dem Gefreiten, er solle herkommen.

Das Fragezeichen
Das Fragezeichen steht hinter direkten Fragesätzen und fragenden Ausdrücken:

Hast du Hunger? Klasse, oder? Wie bitte?

Kein Fragezeichen folgt auf Fragen in indirekter Rede:

Holger fragte Heike, ob sie Hunger habe.

Der Gedankenstrich

Der Gedankenstrich ist länger (–) als der Bindestrich (-). Wir finden ihn bei Windows unter der Tastenkombination von „Alt“ und „0150“ auf dem Nummernblock. Der Gedankenstrich hat zwei Funktionen – je nachdem, ob wir ihn einzeln oder paarweise verwenden. Einzeln kennzeichnet er eine Pause und hält die Satzmelodie auf ihrer Höhe. Wir halten kurz inne. Darum eignet er sich hervorragend als dramaturgisches Mittel. Allerdings sollten wir ihn sparsam einsetzen. Ähnlich wie der Doppelpunkt verbraucht sich der Gedankenstrich schnell. Er ist exquisit, und seine Wirkung nutzt sich schnell ab.

Regel 37: Lassen wir nie zwei Sätze aufeinander folgen, in denen Gedankenstriche vorkommen.

Paarweise verwenden manche Autoren den Gedankenstrich, um eingeschobene Gedanken abzutrennen:

> *Der Schauspieler – der sich von Gott berufen fühlt, seinen Beruf auszuüben, jeden Morgen 15 Minuten im Gebet verbringt, bevor er sein Muskeltraining macht, im engen Kontakt mit dem Papst steht und Marien-Erscheinungen hatte, die er mit einem Orgasmus vergleicht – galt schon als Teenager bei seinen Klassenkameraden als sonderbar, weil er sich mehr für die Kirche als für Clubs interessierte.*
>
> *(„Der Spiegel“ 13/2004)*

Solche Einschiebungen unterbrechen den Lesefluss und erzeugen oft üble Schachtelsätze. Zumindest in Informationstexten sollten wir daher auf Einschiebungen verzichten. Bilden wir lieber mehrere Sätze.

Die Klammern

Klammern sind meistens unnötig. Bei ihnen verhält es sich zunächst ähnlich wie bei den Gedankenstrich-Pärchen: Sie schieben etwas in einen Satz ein, was den Lesefluss unterbricht. Zudem ist es ihr Sinn, etwas einzuklammern, das nicht so wichtig ist. Doch wenn etwas nicht wichtig ist, warum sollten wir es dann überhaupt schreiben? Lassen wir es weg! Und sollte etwas doch wichtig sein, brauchen wir keine Klammern. Sinnvoll sind Klammern nur bei kurzen Anmerkungen und Aufzählungen:

Edmund Stoiber (CSU), Ramona S. (54)
Die Aussteller kommen aus der Schweiz (Halle 17), aus Österreich (Halle 6.2) und aus Deutschland (Halle 14).

Regel 38: Verwenden wir Klammern nur für kurze Erläuterungen oder bei Aufzählungen.

Akzente, Apostrophe und Anführungszeichen

Akzente, Apostrophe und Anführungszeichen sind klein und werden oft falsch gebraucht.

Die Akzente spielen fast nur bei Wörtern aus dem Französischen („accent") eine Rolle. Die wichtigsten Akzente sind der Accent aigu (é) und der Accent grave (è). Seltener in deutschen Texten ist der Accent circonflexe (ê), etwa im Wort „Crêpe".

Der Apostroph ist kein einfacher, gerader Strich ('), sondern sieht aus wie ein hochgestelltes Komma ('). Das Häkchen geht nach unten links weg. Der Apostroph ersetzt nur einzelne Buchstaben. Fassen wir Wörter wie „um das“ oder „für das“ zusammen, ergeben sich die Wörter „ums“ oder „fürs“.

Falsch ist:
Holger arbeitet für's Fernsehen.

Richtig ist:
Holger arbeitet fürs Fernsehen.

Ein Vorschlag zu den Anführungszeichen: Nennen wir die Anführungszeichen zu Beginn eines Namens oder eines Zitats *Anführung* („) und das Zeichen am Ende *Abführung* (“). Kennzeichnen wir innerhalb eines Zitats ein Zitat oder einen Namen, heißt das erste Zeichen *einfache Anführung* (‚) und das zweite *einfache Abführung* (‘).

Die Anführung im Deutschen („) sieht aus wie zwei eng beieinander stehende Kommas – die Häkchen gehen nach unten links weg. Die Abführung (“) ist demgegenüber punktgespiegelt: Die Häkchen gehen nach oben rechts weg. Genauso sieht es mit der einfachen Anführung (‚) und der einfachen Abführung (‘) aus.

Schwierig kann es sein, die korrekten einfachen Anführungszeichen zu tippen. Zumindest die einfache Abführung finden wir auf der Computertastatur nicht. Für die einfache Anführung tippen wir einfach ein

Komma, die beiden Zeichen sehen ja identisch aus. Die einfache Abführung finden wir unter der Tastenkombination von „Alt“ und „0145“, sofern sie sich nicht automatisch einstellt.

„Schwarzwaldstuben“ (An- und Abführung)
‚Schwarzwaldstuben‘ (einfache An- und Abführung)

Typische Verwechslungen zwischen Akzenten, Apostrophen und Anführungszeichen sind etwa folgende:

Cafe’ Sybille (Apostroph statt Accent aigu)
fünf Stück a’ 3 Euro (Apostroph statt Accent grave)
Wie geht´s? (Accent aigu statt Apostroph)
Wie geht`s? (Accent grave statt Apostroph)
Wie geht‘s? (einfache Abführung statt Apostroph)
„Sie hat ‘Nein‘ gesagt“, jammerte Holger. (einfache Ab- statt Anführung)
„Sie hat ‚Nein’ gesagt“, jammerte Holger. (Apostroph statt Abführung)

Richtig sind die Zeichen so gesetzt:

Café Sybille (Accent aigu)
fünf Stück à 3 Euro (Accent grave)
Wie geht’s? (Apostroph)
„Sie hat ‚Nein‘ gesagt“, jammerte Holger. (einfache An- und Abführung)

Wenn wir viele verschiedene Satzzeichen verwenden, macht das unseren Text lebhaft. Denn Satzzeichen setzen Pausen, heben und senken die Satzmelodie und haben daher eine dramaturgische Funktion. Ausnahmen sind Satzzeichen wie das Komma und der Punkt. Sie sollten wir nur nach den Regeln der Grammatik setzen, nicht zu dramaturgischen Zwecken. Das Semikolon sollten wir sehr sparsam einsetzen. Klammern haben nur Sinn für kurze Anmerkungen wie etwa Abkürzungen. Beim Einsatz von Doppelpunkten und Gedankenstrichen sollten wir darauf achten, dass wir es damit nicht übertreiben. Vor allem sollten wir keine zwei Sätze mit Doppelpunkten oder Gedankenstrichen aufeinander folgen lassen.

6. Gute Sprache, schlechte Sprache

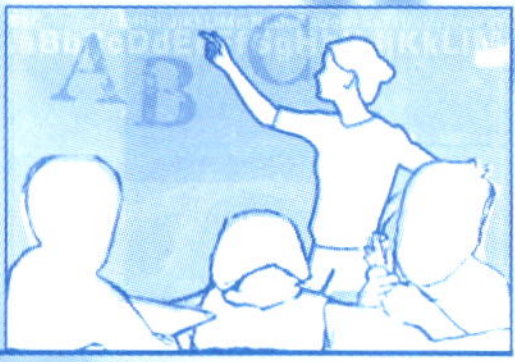

Kennen Sie „Denglish"? *Seite 73*

Wissen Sie, dass englische Begriffe im Deutschen oft falsch gebraucht werden? *Seite 74*

Wissen Sie, wie Sie die schlimmsten Formulierungen im Deutschen umgehen? *Seite 75*

Do you sprech Denglish?
Das Kunstwort „Denglish“ beschreibt die Vermischung von Deutsch und Englisch. An „Computer“ und „Laptop“ haben wir uns gewöhnt, aber müssen wir „Investment“ statt „Investition“ sagen und „relaxen“ statt „ausruhen“?

Oberstes Gebot für guten Stil ist die Verständlichkeit des Textes. Denglish schließt jedoch Menschen vom Verständnis aus und dient oft nur der Mode.

Die Musikindustrie etwa lädt nicht mehr zur Fete, wenn eine neue Platte herauskommt, sondern zur „Record-Release-Party“. Fragen wir die Musikunternehmen nach dem Grund, hören wir meist, so mache man sich international verständlich. Nur was bringt Internationalität, wenn sich eine Botschaft ans deutsche Publikum richtet? Vielleicht klingt „Record-Release-Party“ einfach nur schicker als „Neue-Platte-Fest“.

Oft verwenden wir nicht einfach englische Wörter, sondern übersetzen falsch vom Deutschen ins Englische: Nur die Deutschen kennen das „Handy“, das im Englischen „mobile“ heißt. Seit es Handys gibt, sagen wir „Handy“ – warum auch nicht? Neue Sache, neues Wort! Das lange Wort „Mobiltelefon“ wäre ohnehin zu umständlich.

Regel 39: Prüfen wir, ob unsere Zielgruppe unsere Wörter versteht. Wenn wir uns an die Allgemeinheit richten, prüfen wir, ob wir denglishe Kunstwörter durch deutsche Wörter ersetzen können.

Schwierig wird es, wenn wir deutsche Wörter gebrauchen, die falsch aus dem Englischen abgeleitet sind. Oft sind diese Anglizismen gut versteckt:

In 2004 machte die Arbeit der US-Administration einmal mehr Sinn.

Finden Sie die vier Anglizismen?

1. „In 2004“: Im Deutschen heißt es „im Jahre 2004“ oder „2004“.
2. „machte Sinn“ („make sense“): Das heißt auf Deutsch „ergab Sinn“ oder „hatte Sinn“.
3. „US-Administration“: Das Wort „Regierung“ kann auf Englisch „administration“ heißen – und deutsche Journalisten übersetzen das oft falsch mit „Administration“ (= „Verwaltung“). Auch wenn „administration“ im Englischen „Verwaltung“ heißen kann: Im Deutschen heißt das Wort „Administration“ niemals Regierung.
4. „einmal mehr“ („once more“): Das heißt auf Deutsch „wieder einmal“ oder „mal wieder“.

Englisch ist eine tolle Sprache. Deutsch auch. Lassen wir diesen Sprachen ihre Identität. Mischungen aus Deutsch und Englisch (Denglish) sorgen bei vielen Lesern für Verwirrung. Entscheiden wir uns für eine Sprache. Verwenden wir Denglish dennoch, sollten wir darauf achten, dass unsere Zielgruppe uns versteht.

Floskeln, Fachbegriffe, Wort-Monster

nicht treffend	**treffend**
abdrucken	drucken
abstrafen	strafen
abzielen auf	zielen auf
Aktivitäten	Aktion
allermeisten, die	die meisten
am kommenden Wochenende	am Wochenende
am vergangenen Freitag	am Freitag
ankaufen	kaufen
anmieten	mieten
Anschlagsversuch	Anschlag
ansonsten	sonst
auf den Weg bringen	beginnen
aufkaufen	kaufen
aufweisen, etwas	etwas haben
Ausleseverfahren	Auslese
Auswirkungen	Wirkung
Beantragung	Antrag
Beantwortung	Antwort
befüllen	füllen
Begutachtung	Gutachten
behelfen	helfen
Belastung	Last
Berechtigung haben, die	dürfen
besagen	sagen
Bestrafung	Strafe
Beweggrund	Grund
bittere Niederlage	Niederlage
Ding der Unmöglichkeit	ist unmöglich
Ehefrau, seine	seine Frau
Ehemann, ihr	ihr Mann
Eigeninitiative	Initiative
einmal mehr	wieder einmal
einsparen	sparen
Endergebnis	Ergebnis
erheblicher Bedarf	Bedarf

erinnern, etwas	sich an etwas erinnern
Ernsthaftigkeit	Ernst
Ersterer	der Erste
etwas kommunizieren	etwas vermitteln, sagen
Familienbereich	Familie
feine Nuance	Nuance
feste Überzeugung	Überzeugung
fieberhafte Suche	Suche
finanzielle Mittel, Finanzmittel	Geld
Fragestellung	Frage
frühe Morgenstunden	Morgen
frühzeitig	früh, zeitig
Fußtritt	Tritt
geballte Faust	Faust
Gelder	Geld
Grundvoraussetzung	Voraussetzung
häufig gestellte Fragen	häufige Fragen
herbe Enttäuschung	Enttäuschung
herkommen	kommen
in 2004	2004, im Jahr 2004
in Abrede stellen	bestreiten
in der Lage sein	können
in etwa	etwa, ungefähr
in ihrer Gesamtheit	alle
in Iran/in Irak	im Iran/im Irak
in vollem Umfang	ganz
indes	inzwischen, mittlerweile
keine Fragen mehr offen	alles klar
klar auf der Hand liegen	auf der Hand liegen
klimatische Bedingungen	Klima
konjunkturelle Situation	Konjunktur
kontakten, kontaktieren	Kontakt aufnehmen
kontrovers diskutieren	diskutieren
lautstark	laut
Letzterer	der Letzte
lohnenswert	lohnend
Marketingbereich	Marketing
massiver Druck	Druck

maximal bis zu	bis zu
militärische Kampftruppen	Soldaten, Militär
mit dem Fuß treten	treten
mit dem Kopf nicken	nicken
mögliche Chancen	Chancen
mögliche Gefahren	Gefahren
mögliches Risiko	Risiko
nach Iran/nach Irak	in den Iran/in den Irak
Nachfrage	Frage
nachprüfen	prüfen
nachzählen	zählen
neuerliche Verhandlungen	neue Verhandlungen
nicht unbedeutend	bedeutend
nicht unerheblich	erheblich
nicht ungenau	genau
nicht unklar	klar
nicht unschön	schön
nicht unumstritten	umstritten
nicht unwichtig	wichtig
nicht wenig	viel
notwendigerweise	zwangsläufig
örtliche Gegebenheiten	Ort
permanente Dauerbelastung	dauernde Last
politischer Beobachter	Beobachter der Politik
preisgünstig	günstig, billig
Regenfälle	Regen
Restrisiko	Risiko
Rettungskräfte	Retter
Rückantwort	Antwort
Rückfrage	Frage
Rückstau im Kurvenbereich	Stau in der Kurve
scharfer Protest	lauter Protest
schlussendlich	schließlich, letztlich
Schneefälle	Schneefall
Schnitt	Durchschnitt
Schulbereich	Schule
Sommermonate	Sommer
Sorgfältigkeit	Sorgfalt

Spur der Verwüstung	Verwüstung
Stellenwert	Wert
strengstes Stillschweigen	Schweigen
Tagesverlauf, im	am Tag
tagtäglich	täglich
Technologie	Technik
übergeben	geben
überwältigende Mehrheit	Mehrheit
Überzeugung sein, der	überzeugt sein
unlängst	kürzlich
unter Beweis stellen	beweisen
Unterschiedlichkeit	Unterschied
Untersuchung durchführen	untersuchen
unweit von	nahe bei
ursprünglich geplant	geplant
US-Administration	US-Regierung
Verantwortlichkeit	Verantwortung
Verdrossenheit	Verdruss
Vertriebsbereich	Vertrieb
Vielzahl von, eine	viele
volles Verständnis	Verständnis
vollmundig	großmäulig
Voranmeldung	Anmeldung
vorausplanen	planen
vorprogrammiert	programmiert
vorzeigen	zeigen
wie zum Beispiel	wie
Winde	Wind
Wintermonate	Winter
Witterung	Wetter
Witterungsbedingungen	Wetter
Witterungsverhältnisse	Wetter
Zeitpunkt	Zeit
Zielsetzung	Ziel
zu einem späteren Zeitpunkt	später
zufällige Stichprobe	Stichprobe
zum Verzehr bringen	essen
zusammentreffen	treffen

Weiterführende Literatur

- Braun, Roman: Die Macht der Rhetorik. Besser reden – mehr erreichen. Redline Wirtschaft bei ueberreuter. Frankfurt/Wien 2001
- Cialdini, Robert B.: Die Psychologie des Überzeugens. Verlag Hans Huber. Bern 1997
- Frädrich, Stefan: Günter, der innere Schweinehund. Ein tierisches Motivationsbuch. Gabal. Offenbach am Main 2004
- Göpfert, Winfried und Stephan Ruß-Mohl (Hrsg.): Wissenschaftsjournalismus. List. München, Leipzig 1996
- Schulz von Thun, Friedmann: Miteinander reden. Bände 1-3. Rowohlt. Reinbek 1998
- Schneider, Wolf: Deutsch für Profis. Wege zu gutem Stil. Goldmann. Hamburg 1984
- Sowinski, Bernhard: Stilistik. Verlag J.B. Metzler. Stuttgart 1991
- von LaRoche, Walther: Einführung in den praktischen Journalismus. List. München 1987

Register

Abkürzung 64, 70
Adjektiv 4, 49, 50, 54, 56, 57, 58, 61
Aktiv 4, 38, 39, 74
Ausrufezeichen 4, 63, 66, 67
Behörden-Deutsch 27
Bindewort 60, 61
Brief 6, 22
Doppelpunkt 4, 63, 64, 65, 66, 70
Einleitung 31, 41, 42, 43, 47
Erzählung 13, 17
Fachbegriff 4, 74, 75
Fachpublikum 27
Floskel 4, 30, 32, 34, 41, 44, 54, 55, 74, 75
Hauptsatz 4, 44, 45, 47
Intellektuell 44
Internationalität 73
Journalismus 21, 22, 24, 31, 78
Konkret 4, 31, 32, 33, 34, 38, 39, 51, 54, 61
Leser 9, 14 ff., 24 ff., 36, 41, 42, 46, 47, 52, 66, 74
Mindmapping 4, 12
Nebensatz 4, 44, 47
Objekt 46
obwohl 36, 38, 61
Pause 63, 64, 66, 70
Phrase 28, 30, 54
Pleonasmus s. Tautologie 58
positiv 6, 33, 35 ff.,
Prädikat 46, 47, 53
Rede 6, 28, 29, 44, 52, 54, 66, 76, 77, 79
Rhythmus 41 ff., 47, 63
Roman 6, 13, 16, 42, 78
Roter Faden 16
Satzmelodie 42, 63 ff.
Spannung 16, 42, 63, 64, 65 (Spannungshöhepunkt)
Stakkato-Stil 42
Stil 42, 50, 58, 63, 65, 73, 78 ff.
Subjekt 38, 46 ff.
Substantiv 4, 50, 52 ff., 57, 61
Szene 14
Tautologie 58
Tempo 20, 52, 62
Textlänge 9 ff., 17 ff., 24, 25
Thema 9 ff., 11, 12, 14 ff., 20, 22, 59
Typografie 63
Verb 4, 12, 24, 27, 35, 37 ff., 48 ff., 58 ff., 64 ff.
Verneinung 34, 35, 39
Verständlichkeit 52, 73
Wissenschaft 6, 28, 78
Wort 4 ff., 15 ff., 30 ff., 37 ff., 49 ff., 68 ff., 73 ff.
Zeitung 6, 18, 21, 28 ff.